핵공감 직장 멘화 #김대리일기

초판 1쇄 인쇄 2017년 9월 22일
초판 1쇄 발행 2017년 9월 29일

지은이 김해니
그린이 조규상
펴낸이 조규백
책임편집자 한이슬
디자인 이성희
발행처 도서출판 구민사

주소 서울특별시 영등포구 당산로2길 12, 1004호
전화 02-701-7421 | 팩스 02-3273-9642
홈페이지 www.kuhminsa.co.kr
등록 제14-29호(1980년 2월 4일)

ISBN 979-11-5813-474-7 03190
값 13,800원

니가 썼는데
내가 쓴 것 같은
우리 이야기

핵공감
http://www.
직장대화
#김대리일기

구민사

Prologue

 김.대.리
2016년 7월 5일 · 서울 · 🕐 · ▼

왜죠…?
왜입니까…?
—

세상에 이렇게 집이 많은데 내 집이 없고
세상에 이렇게 회사가 많은데 내 회사가
없는 이유는요 … ?

어디서부터 잘못된 겁니까?

#김대리일기

👍😮😆😥😭😡   댓글 2개

👍 Like   💬 Comment   ➤ Share

 Write a comment...

┗   공수래공수거

┗   하루만 못생겨봤으면 좋겠다 만날 못생겼으니
       까, 하루만 집 없어봤으면 좋겠다. 영원히 집
       없으니까.

일개 사원 한 명은 회사를 바꾸지 못한다

어떤 개인이 조직에 혁명을 가져온 것을 본 적이 없습니다. 있다고 하더라도 극히 드문 사례일 겁니다. 그러니까 조직에 적응하지 못한 자는 낙오하고 맙니다. 불합리한 상사의 지시, 으레 해야 하는 야근, 불필요한 절차… 모든 것을 받아들이고 포기해야만 회사를 오래 다닐 수 있습니다. 모두가 '예스'라고 할 때 '노!'라고 외치는 건 정답이 아니라, 눈치와 피로를 가져다 준다는 걸 깨달을 때 비로소 평화는 찾아옵니다. 이른바 생존한다는 건 포기를 동반합니다.

"이런 건 내가 꿈꾸던 삶이 아닌데…"

하면서도 우리는 떠나지 못합니다. 불행히도 짊어진 것이 너무 많기 때문입니다. 당장 때려치고 좋아하는 일, 가슴 두근거리게 하는 일을 찾아 떠나라고요…? 말은 쉽죠, 하지만 그렇게 말씀하시는 분이 제 월세를 내주진 않잖아요. 저라고 뭐 안 그러고 싶겠습니까.

왜죠..?
왜입니까..?

김대리가 세상에 첫 질문을 던졌습니다. 직장인이라면 당연히 받아들여야 한다는 일들이 왜 김대리에겐 그렇게 어렵습니까.

"멋지십니다!!"

상사가 기대하는 그 말 한마디를 뱉기가 왜 그렇게 어려울까요. 야근 수당이 없는 야근을 하면서도 왜 상사 눈치를 봐야 하는 건지 도무지 모르겠더란 말입니다. 하지만 저항은 어려웠습니다. 당연히 그래야 하는 분위기라서 참을 수 밖에 없었습니다. 할 수 있는 거라곤

"회사에 불시착한 것 같은 느낌이 드는 저, 정상인가요?"

라고 SNS에 궁금한 것을 던지는 것 뿐이었습니다.

몰랐습니다
대답이 돌아올 지는.

김대리가 묻는 것들은 누구나 직장생활을 처음 시작했을 때는 조금은 불편하고, 이상하게 생각했을 일들이었습니다. 다만, 생존해야 했기에 조금씩 천천히 적응해온 것입니다. 아니, 아예 의문을 제기하기를 포기해버린 것들입니다. 우린 모두, '정상이 아닌 것들이 정상인' '정답이 아닌 것이 정답인' 직장이란 세계 속에 녹아 버렸습니다.

질문을 받은 많은 직장인들이 이런 반응을 보였습니다.

"그러게, 왜 그동안 그게 당연하다고 생각했지?"

스스로 질문을 해보기 시작했습니다. 질문은 변화의 시작이었습니다. 작은 변화는 일상에 활력소가 되었습니다. 핵공감 직장실화 #김대리일기는 조직이나 상사와 싸워 투쟁하는 이야기가 아닙니다. 다만 생존하고 싶은 이 시대 평범한 직장인들을 위한 스토리입니다.

Contents

Part.2 김대리, 야근중입니다

회식편

야근편

모순편

Part. 3 김대리 열일중입니다

Part.4 김대리, 퇴근중입니다

꿈편

퇴사편

Part.1

김대리,
출근중입니다

입사 첫날

김대리 "사원이님, 채용공고를 보니 우리팀 직원을 그 동안 정말 많이 뽑았던데, 실제 직원은 팀장님이랑 저, 사원님뿐인 거죠? 다른 사람들은 어디로 갔나요?"

김사원 "…퇴사하셨습니다. 저는 입사한 지 1년 반쯤 됐는데 제가 본 퇴사한 사람만 5명이 넘습니다. 이름과 퇴사 순번을 외우다가 헷갈려서 이제는 포기했습니다."

김대리 "네? 정상이 아닌데요? 도대체 여긴 어떤 곳이죠?…"

김사원 "…"

#사장

사장님은 답정녀

김.대.리
2016년 7월 5일 · 서울 · 🕐 · ▼

왜죠…?
왜입니까…?
—
어른들은 질문해놓고 왜 자기가 대답합니까?

#김대리일기

😊😍😆😅😎😉😡😱   댓글 6개

👍 Like   💬 Comment   ➜ Share

✍ Write a comment...   📷 ☺

ㄴ 본인이 아는 것만 물어보니까

ㄴ 글쎄, 현답이 나올까봐 두려워서 ㅋㅋ

ㄴ 듣고 싶은 말을 듣기 위한 질문을 하니까

사장님의 불시 검문

사장님이 저녁 7시쯤 불시에 우리 팀 사무실에 들어왔습니다. 그리고 한다는 소리가 이겁니다.

"퇴근했는지, 안 했는지 내 보러 왔지."

사무실을 죽 둘러보고, 아무도 퇴근 안 한 걸 흐뭇한 듯 웃으며 확인하고는

"잘하고 있나?"

목적어 없는 말들을 던지더군요. 무엇을 잘하냐고 묻는 건지 도통 모르겠습니다. 물론 대답을 들으려고 하는 질문은 아닌 것을 분위기상 저도 압니다. 그 또한 전혀 대답을 기다리지도, 귀 기울이려는 시늉조차 하지 않았으니까요.

신입사원이 왔다고 처음 한두 번만 그러는 줄 알았는데 아니었습니다. 그는 종종 그런 식으로 저녁에 불시 방문해서는 직원들을 체크하는 게 취미였던 것입니다. 이 뿐만 아닙니다. 가끔은 저녁 식사 자리에 갑자기 불러내곤 했습니다. 그에게는 직원이 퇴근을 한다는 건, '일을 하지 않는다'라는 뜻인 것 같습니다.

이러다 보니 팀장들도 6시 정시 퇴근하는 직원들을 눈엣가시처럼 여기는 것 같

습니다.

그래도 아무도 문제제기를 하는 이가 없습니다. 그냥 늘 그러니까 그런가 보다 하는 것 같습니다. 초반부터 이 적응 안 되는 분위기는 뭐죠?

왜죠 … ?

도대체 왜입니까 … ?

뼈노예 뼛속까지 노예

월급쟁이 수행비서

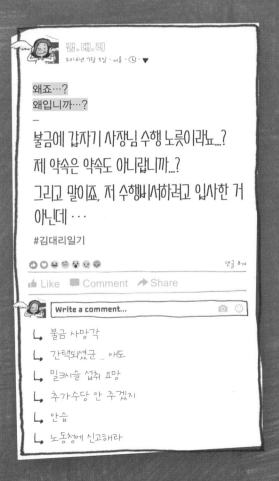

김∘대∘리
2016년 7월 5일 · 서울 · 🕐 · ▼

왜죠…?
왜입니까…?
ㅡ
불금에 갑자기 사장님 수행 노릇이라뇨…?
제 약속은 약속도 아니랍니까…?
그리고 말이죠, 저 수행비서하려고 입사한 거
아닌데···

#김대리일기

👍❤️😂😮😢😡😆　　　　댓글 8개

👍 Like　　💬 Comment　　➤ Share

Write a comment...　　　　　📷 ☺

　↳ 불금 사망각

　↳ 간택되셨군 … 애도

　↳ 밀크시슬 섭취 요망

　↳ 추가수당 안 주겠지

　↳ 안습

　↳ 노동청에 신고해라

우리도 스테이크 썰 줄 압니다

어느 날 사원이 씩씩대면서 사무실로 들어왔습니다. 한 손에는 카메라가 들려 있었습니다. 왜 그러냐고 물었더니 속상한 표정으로 그가 대답했습니다.

"학교 후배들 식사 자리에 저를 갑자기 부르는 거에요. 카메라를 들고 빨리 오래요. 뛰어 갔더니 기념 사진을 찍어달래요. 찍어줬죠. 그랬더니 사장님이 흡족한 표정으로 후배들 보면서 하는 말이 이거에요. "너네도 나처럼(대표) 되면 직원 재깍 불러서 사진도 찍어라 할 수 있어" 거기 앉아서 스테이크 썰고 있는 후배라는 사람들 중에 제 또래도 있던데 ⋯ 휴."

"속상하겠다"

하고 말았습니다.

"사장이 직원을 인격체로 대하지 않는 것 같다"느니,

"마치 직원을 수족처럼, 하인처럼 부리네"라고 하면 사원이가 더 속상할까봐서요.

사장님, 사원도 제 집에서는 귀한 자식인데 어쩜 이러십니까.

제보를 받았습니다

http://www.

① 자기 자식들 세배하는
동영상 보여주면서 이렇게 매일
공손하게 인사하라고 하고

② 자기가 출퇴근할 때
차까지 나와서 인사, 배웅하라고 하고

③ 커피 심부름은
여직원이 하는 거라고 하고

④ 외부에서 걸려오는
전화는 여자가 받아야
듣기 좋다고 하고

⑤ 출근시간이 9시인데
한 시간 전에 나와서 근무할
준비하라고 하고

⑥ 쓰레기통 비우는 일로
공주대접 받으러 회사 온 거면
집에 가라고 하고

7 자기는 평생 공과금도 자기 손으로 안 내봤다면서, 팩스기 앞에 서 있는데 직원 아무도 눈치껏 와서 안 도와줬다고 뭐라 하고

8 유부녀 직원 보고는 "남편이 얼마 버는지 모르겠지만 너 때문에 떼돈 못 벌 거다" 악담하고

9 어린 직원 보고는 "너는 생활 수준, 질 자체가 낮다"고 평가절하하고

9 결정적으로 입사 한 달 반이 지나도록 연봉협상 안 한 서울 망원동에 위치한 A모 중소기업 사장님, 그렇게 살아서 살림살이 좀 나아지셨습니까?

네…
행복하시겠죠.
나쁜놈들은 기가막히게
다 잘먹고 잘살더라…
칫…

#상사

상사는 365일
생리증후군

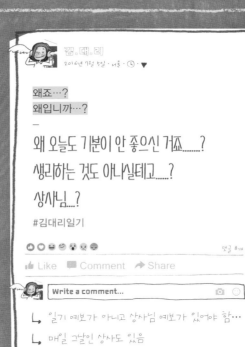

김。대。리
2016년 7월 5일 · 서울 · 🕐 · ▼

왜죠…?
왜입니까…?
—

왜 오늘도 기분이 안 좋으신 거죠......?
생리하는 것도 아니실테고......?
상사님...?

#김대리일기

👍❤️😮😆😂😢😡😠   댓글 8개

👍 Like   💬 Comment   ➤ Share

───────────────────────

🙂 Write a comment...   📷 ⊙

↳ 일기 예보가 아니고 상사님 예보가 있어야 함…

↳ 매일 그날인 상사도 있음

↳ 아침밥이 맛이 없었다거나...

↳ 이 글을 보면서 제 팀원들에게 괜히 짜증을 낸
   게 아닌지 반성해봅니다. -_-;;;

차라리 이거 먹자고 해요

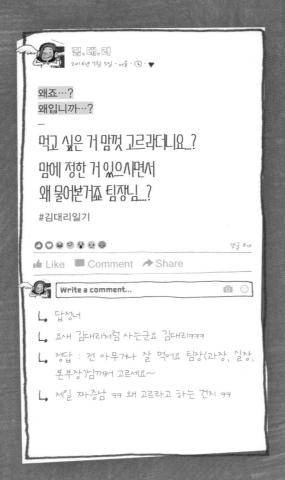

김.대.리
2016년 7월 5일 · 서울 · ⏱ · ▼

왜죠…?
왜입니까…?

—

먹고 싶은 거 맘껏 고르라더니요…?
맘에 정한 거 있으시면서
왜 물어본거죠 팀장님…?

#김대리일기

👍❤️😆😊😲😢😠😮   댓글 8개

👍 Like   💬 Comment   ➦ Share

Write a comment...   📷 ☺

↳ 답정너

↳ 요새 김대리처럼 사는군요 김대리ㅋㅋㅋ

↳ 정답 : 전 아무거나 잘 먹어요 팀장(과장, 실장,
   본부장)님께서 고르세요~

↳ 제일 짜증남 ㅋㅋ 왜 고르라고 하는 건지 ㅋㅋ

앵그리 상사버드 ✦

"하아 ··· 못해먹겠다. 씨X"

상사님은 오늘도 입에 걸레를 무셨습니다. 오늘 또 기분이 좋지 않은 모양입니다. 아주 그냥 기분 좋은 날이 손에 꼽아요. '씨X'은 아주 가끔, 퓨즈가 끊길 만큼 화가 날 때 저도 사용하는 단어이긴 한데 저렇게 입에 달고 사는 사람은 처음 봤습니다.

좁은 사무실, 그것도 지척에 앉아있으니 그 사람의 기운이 고스란히 다 느껴집니다. 숨소리, 말소리, 욕지거리, 타자 소리, 업다운되는 기분까지··· 아, 저는 상사님의 바로 앞자리에 앉아있습니다. 상사님이 고개를 들면 제 모니터도 훤히 볼 수 있는 거리죠.

"J씨, 전에 말한 거 다했어?"

"아니 다른 거 하느라 못했는 ··· "

"업무를 쥐고 있지 말라고 내가 몇 번이나 그랬어? 어? 쥐고 있지 말란 말이야. 혼자 꽉 쥐고 어떻게 하난 말이야."

오늘도 제 옆자리 사원이님이 타깃입니다. 동네북이 따로 없습니다. 상사님은

주말에도 사원이님을 개인 카톡으로 들들 볶는다죠. 아침부터 상사님이 사원이님을 깨기 시작하면 사무실 분위기는 하루 종일 얼어붙습니다. 다른 직원들까지 긴장해서 걸음마저 어색해집니다. 눈치보고, 눈치보고, 눈치보는 하루. 그렇게 해도 그의 기분은 하루 종일 좋아질 줄을 모릅니다.

"하아⋯후⋯"

또 뒤에서 한숨공격이 들어오네요.

여러분, 별로 특별할 것 없는 오늘의 뉴스를 전해 드리겠습니다. 어제와 마찬가지로 칼퇴근하긴 어려울 것 같다는 뉴스입니다.

흔한 월요일 아침!

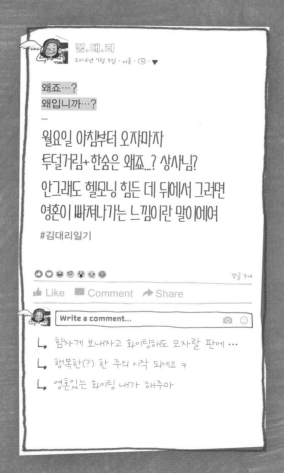

김.대.리
2016년 7월 5일 · 서울 · 🕐 · ▼

왜죠…?
왜입니까…?
—

월요일 아침부터 오자마자
투덜거림+한숨은 왜죠…? 상사님?

안그래도 헬모닝 힘든 데 뒤에서 그러면
영혼이 빠져나가는 느낌이란 말이에어

#김대리일기

👍❤😆😊😮😢😡😑   댓글 3개

👍 Like   💬 Comment   ➤ Share

┃ Write a comment...   📷 😊

┗ 힘차게 보내자고 화이팅해도 모자랄 판에 …

┗ 행복한(?) 한 주의 시작 되세요 ㅋ

┗ 영혼있는 화이팅 내가 해주마

상사도 누군가의 부하

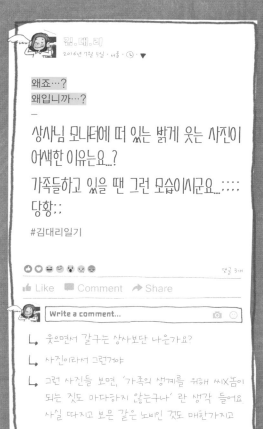

김。대。리
2016년 7월 5일 · 서울 · 🕐 · ▼

왜죠…?
왜입니까…?
—

상사님 모니터에 떠 있는 밝게 웃는 사진이
어색한 이유는요…?

가족들하고 있을 땐 그런 모습이시군요…∴∴∴
당황∵∵

#김대리일기

👍❤️😂😮😢😠   댓글 3개

👍 Like   💬 Comment   ➤ Share

Write a comment...   📷 ☺

↳ 웃으면서 갈구는 상사보단 나은가요?

↳ 사진이라서 그런거야

↳ 그런 사진들 보면, '가족의 생계를 위해 씨X놈이
   되는 짓도 마다하지 않는구나' 란 생각 들어요.
   사실 따지고 보면 같은 노비인 것도 매한가지고
   ㅜㅜ

@ 037

웃을 줄도 아는 사람이었네 ✒

어느 평범한 날, 지시를 받고 상사의 책상에서 무언가를 찾아야 하는 상황이었습니다. 그러다 모니터에 떠 있는 상사님과 가족의 사진을 우연히 보게 됐습니다. 텔레비전에서 '행복한 가족'으로 소개될 것만 같은 평범하고 밝은 모습입니다.

저는 상사님이 그렇게 밝게 웃을 수 있는 사람인지 몰랐네요. 여기선 매일 한숨 쉬고, 사원한테 화풀이하는 것도 모자라 욕까지 하는데 집에서는 180도 다르신가 봅니다. 집에서는 바른 가장, 아버지, 남편... 뭐 그런 모습인가 봐요.

그런데 말입니다, 왜 집에는 그렇게 들어가기 싫어하는 지 모르겠습니다…?

왜…쇼…?

한숨제조기

가-족같은 회사는 고통분담이 미덕

생각해보면 저의 상사도 누군가에게는 부하입니다. 이 사무실 내에서는 왕처럼 굴지만요. 얼굴 구기고 한숨을 푹푹 내쉬는 것도, "씨X"하고 욕하는 것도 윗분들한테 깨져서 일 수도 있겠죠. 그렇다고 왜 다 같이 기분이 안 좋아야 하는 지는 이해할 수 없었습니다. 팀이란, 팀워크란 그런 것일까요? 안 좋은 컨디션조차 고통분담해야 하는 건가요?

회사를 다니면서 언제부터인가 상사의 컨디션이 좋은 게 아침의 소원이 돼 버렸습니다. 직장인의 소원이 이렇게 소박하고 서글픈 것이라뇨,

취업하기 전엔 누가 알았겠습니까?

왜쬬 ⋯ ?

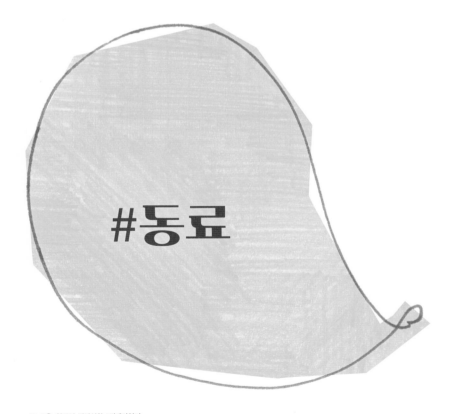

#동료

니가 떠나면 남겨질 내가

 김。대。리
2016년 7월 5일 · 서울 · 🕐 · ▼

왜죠…?
왜입니까…?
—

토익을 왜 치는 거죠…? 사원님…?
설마…이직은 아니시겠죠…제발……Plz…

#김대리일기

👍😆😂😮😢😡😱 댓글 8개

👍 Like 💬 Comment ➤ Share

  Write a comment... 📷 ⊙

 ↳ 나도 일단 쳐볼까 생각 중 ㅋㅋㅋ

 ↳ ㅋㅋㅋㅋㅋ 나도 토익 다시 해야 되는데 의심 받으려나
  ㅋㅋ

 ↳ 100%임돠

 ↳ ㅋㅋㅋㅋㅋ 백퍼

 ↳ 아, 나도 토익시험 다시 쳐야 하나

눈물로 수없이 많은 밤을 지샐 거라

"저 이번 주말에 토익 쳐요 대리님"

"토익을 왜 치는 거에요? 전 대학생 때 마지막으로 쳐보고 안쳐봤… 앗 설마?"

"아시면서" (^^)

순간 표정 관리가 안 됐습니다. 그가 당장 회사를 떠나게 되면 제 업무가 두 배가 될 것이라는 불안감이 앞섰기 때문입니다. 일의 분량은 정해져 있습니다. 4명이서 하던 일을 3명이서 나눠 하게 된다면 야근 시간이 더 늘어날 것은 불 보듯 뻔합니다. 그렇다고 직원이 퇴사하면 새로운 직원이 바로 채워지나요? 그렇지 않습니다. 회사는 우리 마음과 다르게 느긋할 테죠. 절차, 시기 운운하며 최대한 늦게 뽑을 겁니다. 기존 직원들이 힘들어 죽어나가도 말입니다.

이런 저런 생각을 하다가 아차! 싶습니다. 너무 이기적인 생각만 했던 것 같아 그만 사원에게 미안해지기까지 합니다. 입사 후 며칠만에 이 곳을 '청년들의 무덤'이라고 욕해놓고선, 그를 떠나보내고 남아서 고생하기 싫은 마음이 바로 들다니. 이 사무실 누구라도 먼저 이 지옥을 나가게 된다면, 그것도 이직이라는 훌륭한 이유로 퇴사한다면 축하파티라도 해야 할 판인데요.

너는 믿고 있겠지만
내게 미안하겠지만

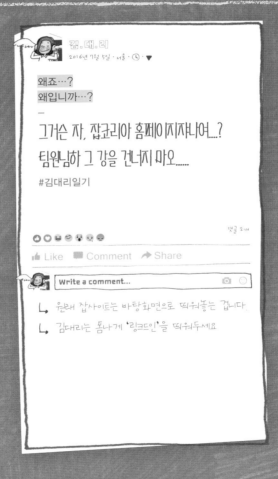

김。대。리
2016년 7월 5일 · 서울 · ⏱ · ▼

왜죠…?
왜입니까…?
—
그거슨 자, 잡코리아 홈페이지자나여…?
팀원님하 그 강을 건너지 마오......

#김대리일기

댓글 2개

👍❤️😆😮😢😡😐

👍 Like   💬 Comment   ➡️ Share

Write a comment...   📷 ⭕

ㄴ 원래 잡사이트는 바탕화면으로 띄워놓는 겁니다

ㄴ 김대리는 폼나게 '링크드인'을 띄워두세요

난 괜찮아, 나는 쓰러지지 않아

입사 첫 날이 생생하게 기억납니다.

"안녕하세요! 대리님. 대리님으로 오셨다고 들었는데, 맞죠?"

키 크고 잘 생긴 청년이 저를 사무실에서 가장 먼저 맞아줬습니다. 입사한 지 1년이 좀 더 된 사원이라고 합니다. 전 대리로 입사했습니다. '전직'한 터라 업무 경험이 없는 데도 경력을 인정받아 제가 무려 '상사'입니다. 사원은 싹싹하고 착해 보입니다. 그와 함께 있으면 긴 사무실 생활도 지루하지 않을 것 같습니다.

처음 느낌은 틀리지 않았습니다. 역시 사무실 분위기 메이커 역할을 톡톡히 하는 친구입니다. 무엇보다 공공의 적이 있기에 우린 똘똘 뭉칠 수 있었습니다. 제가 사는 원룸보다 조금 더 큰 크기의 방에서 지옥같은 야근도 같이 할 사인데 빨리 친해질 수 밖에 없겠더라고요.

그런데, 제가 입사한지 얼마 되지 않아 사원이 이직 준비 하는 것을 보니 저도 모르게 마음에 동요가 일어납니다. 이 곳이, 팀원들이 아무리 편해도 그렇지, 이직 준비를 대놓고 요란하게 하다니요. 또 그의 이직 준비 소식은 다른 사원들까지 불안하게 만드는 것 같습니다. 하지만 벌써 친해진 지라 뭐라고 말도 못합니다.

"회사 안팎에서 만난 공으로 시작한 인연들에 연연하지 말아라.
회사를 옮기거나 그만 두면 다시 볼 사람들이 아니다.
마음 주거나 감정을 나누지도 마라. 그게 직장인으로 가장 잘 사는 방법이다."

한 지인이 이렇게 말했습니다.

저는 그 말에 코웃음을 쳤더랬습니다. 같은 공간을 쉐어하는 사람들끼리 조금의 호감도 없다면 그 곳은 지옥 아니냐고 대답했었습니다.

이제 와보니 머릿속이 혼란스럽습니다. 제가 그 동안 무슨 짓을 한 걸까요…?

사원이는 뛰어나다

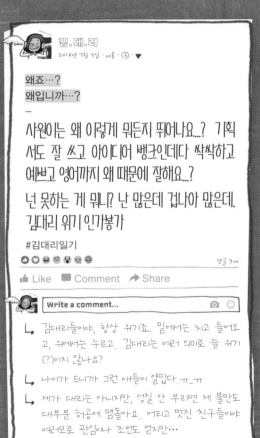

김.대.리
2016년 7월 5일 · 서울 · ⏰ · ▼

왜죠…?
왜입니까…?
-
사원이는 왜 이렇게 뭐든지 뛰어나요..? 기획
서도 잘 쓰고 아이디어 뱅크인데다 싹싹하고
예쁘고 영어까지 왜 때문에 잘해요..?

넌 못하는 게 뭐니? 난 많은데 겁나아 많은데.
김대리 위기인가봉가

#김대리일기

😀😊😂😍😭😨😡😐   댓글 9개

👍 Like   💬 Comment   ➡ Share

Write a comment...   📷 ☺

  ↳ 김대리들이야, 항상 위기죠. 밑에서는 치고 들어오
    고, 위에서는 누르고… 김대리는 여러 의미로 늘 위기
    (?)이지 않나요?

  ↳ 나이가 드니까 그런 애들이 얄밉다.ㅠㅠ

  ↳ 제가 대리는 아니지만, 성질 안 부리면 제 불만도
    대부분 허공에 맴돌아요. 어리고 멋진 친구들이야
    여러모로 관심이나 조언도 얻지만…

대리를 대리하는 사원

그는 저보다 먼저 입사해서 모든 업무에 숙달돼있습니다. 이 사무실에서 일을 가장 많이 하는 데다, 가장 어려운 일도 도맡아 합니다. 저보다 늘 늦게 퇴근합니다. 제가 대리이지만 솔직히 말하면 정사원이 '대리'의 업무를 '대리'하는 듯합니다. '대리'는 제가 부재할 때나 해야 하는 건데 그는 늘 '대리'합니다. 불편하면서도 편한 이 기분은 뭘까요…?

팀장은 저를 신뢰하지도, 수족처럼 부리지도 않습니다. 사원은 같이 보낸 시간만큼 팀장과 더욱 관계가 돈독(?)합니다. 물론 사원도 다른 팀원들과 팀장 뒷담화를 가열차게 합니다만… 말하자면 애증의 관계인거죠. 짜증덩어리 팀장이 스트레스를 푸는 대상도 사원이지만, 반대로 믿고 사소한 것까지 상의하는 대상도 사원입니다. 사원은 그게 싫으면서도 다 받아줍니다. 상사는 주말에도 그에게 카톡을 보낸다고 합니다.

말하자면 제가 사원 대신 팀장의 사람이 되려면 그처럼 업무를 잘 해내야 하고, 야근도 더 오래하고, 팀장의 주말 갠톡도, 투정도 짜증도 다 받아줘야 한다는 결론에 이릅니다.

자, 잠깐만요…
사원이시여, 잠시만 더 머물러 주세요.
제가 모든 것을 받아들일 마음의 준비가 될 때까지만이라도…

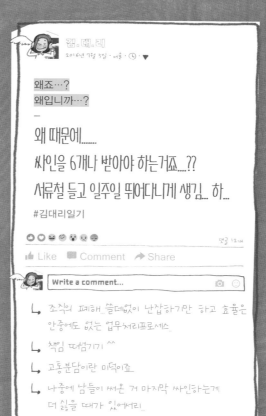

기안의 늪 ²

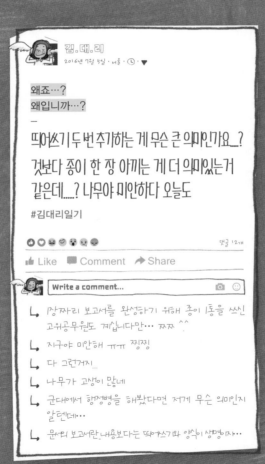

김。대。리
2016년 7월 5일 · 서울 · 🕐 · ▼

왜죠…?
왜입니까…?
—
띄어쓰기 두 번 추가하는 게 무슨 큰 의미인가요_?
것보다 종이 한 장 아끼는 게 더 의미있는거
같은데……? 나무야 미안하다 오늘도

#김대리일기

👍❤️😆😮😢😡😭😊   댓글 12개

👍 Like   💬 Comment   ➡️ Share

Write a comment...   📷 😊

ㄴ 1장짜리 보고서를 완성하기 위해 종이 1통을 쓰신
   고위공무원도 계십니다만… 쯔쯔 ^^

ㄴ 지구야 미안해 ㅠㅠ 찡찡

ㄴ 다 그런거지…

ㄴ 나무가 고생이 많네

ㄴ 군대에서 행정병을 해봤다면 저게 무슨 의미인지
   알텐데…

ㄴ 문서의 보고서란 내용보다는 띄어쓰기와 양식이 생명이쟈…

나는야, 지구파괴범

　　무인 자동차가 굴러다니고 인공지능이 인간을 대체하는 이 시대에 종이 기안에 싸인 받기라뇨, 제 앞에 닥친 현실을 믿을 수 없었습니다. '기안문'이라는 걸 써 본 적이 없습니다. 동료의 도움을 받아 기존 양식을 받아서 비슷하게 썼습니다. 폰트와 크기도 맞췄습니다. 이만하면 처음 쓴 것 치고 잘 쓴 것 같습니다. '서류철'에 끼워 팀장님께 보여드렸습니다. 저는 사실 서류철이라는 것도 살아생전 처음 봤습니다. 이게 1차 관문이라니 앞길이 막막합니다. 팀장 싸인 받고 나면 앞으로 싸인을 4개나 더 받아야 하다니...

　　그러나...
　　도무지 간단한 것이 없습니다. 팀장이 제 기안을 빨간 펜으로 직직 그어대기 시작했습니다.

　　"여기, 여기도 잘못됐고. 고쳐서 다시 가져와요."

　　시키는 대로 수정해서, 프린트 해 서류철에 끼워 다시 가져갔습니다. 그랬더니..

　　"여기 띄어쓰기 두 번 덜 넣었네. 두 칸 더 띄우세요."

혼란스러웠습니다. 띄어쓰기 두 번이 이 일을 시작하고 처리하는 데 뭐가 중요
한가요. 직장이란 곳은 이해하지 못할 일들 투성입니다.

이날 몇 자 안 되는 기안문 쓰느라 하얀 A4용지를 10여 장이나 썼습니다. 종이
들은 이면지로 활용하지도 못하고 처참히 버려졌습니다.

기안의 늪 ³

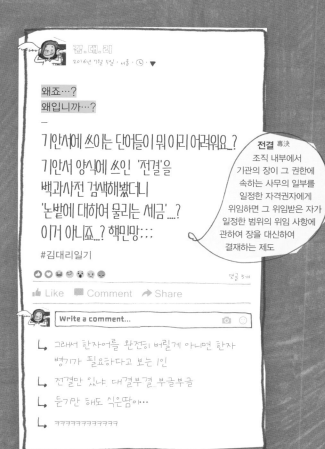

김□대□리
2016년 7월 5일 · 서울 · 🕐 · ▼

왜죠…?
왜입니까…?

―

기안서에 쓰이는 단어들이 뭐 이리 어려워요_?
기안서 양식에 쓰인 '전결'을
백과사전 검색해봤더니
'논밭에 대하여 물리는 세금'_…?
이거 아니쬬_? 핵민망;;;

#김대리일기

👍❤️😆😮😊😢😠 댓글 5개

👍 Like　💬 Comment　➡️ Share

┌──────────────────────────────────┐
│ 😊 │ Write a comment...   📷 ☺ │
└──────────────────────────────────┘

⌐ 그래서 한자어를 완전히 버릴게 아니면 한자
　　병기가 필요하다고 보는 1인

⌐ 전결만 있냐 대결부결 부글부글

⌐ 듣기만 해도 식은땀이…

⌐ ㅋㅋㅋㅋㅋㅋㅋㅋㅋㅋㅋㅋ

> **전결** 專決
> 조직 내부에서
> 기관의 장이 그 권한에
> 속하는 사무 일부를
> 일정한 자격권자에게
> 위임하면 그 위임받은 자가
> 일정한 범위의 위임 사항에
> 관하여 장을 대신하여
> 결재하는 제도

기안의 늪 ⁴

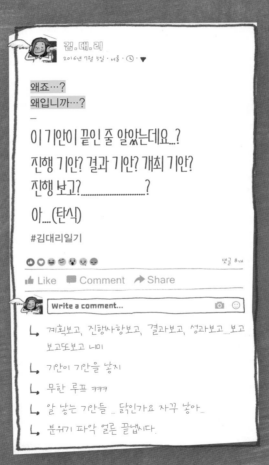

업무의 시작과 끝은 기안과 보고서

　회사에서는 진정으로 '일'을 하고 싶어도 할 수 없습니다. 들어가기도 전에 문 앞에서부터 꽉 막힌 기분입니다. 업무의 시작과 끝에는 기안, 보고서가 반드시 동반됩니다. 그렇다고 이 문서 작업이 쉽거나 하나요, 형식에 맞춰 글자, 간격, 자간 등을 맞추고 상사가 좋아하는 단어들로 바꾸다 보면 A4용지를 수십 장 쓰게 됩니다.

　이를 테면 이런 겁니다. 사원이와 저의 대화입니다.

사원 기안을 할 때 "OO를 실시하고자 합니다"하면 팀장은 '실시'에 빨간 줄을 좍좍 쳐요. 그럼 "'진행'으로 바꿔"하세요. 진행으로 바꿔 가면 다시 좍좍, "개최로 바꿔" 해요. 그러다가, "아니다! 그냥 '실시'로 해라"하는 거죠.

나　진정한 발암물질이군요. 그 동안 어떻게 살았어요?

사원 에휴, 짜증나는 것도 무뎌지던걸요...

나　···.

시키는 대로, 시키는 대로

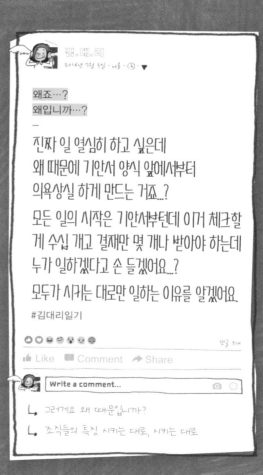

킴◦대◦리
2016년 7월 5일 · 서울 · 🕒 · ▼

왜죠…?
왜입니까…?
—

진짜 일 열심히 하고 싶은데
왜 때문에 기안서 양식 앞에서부터
의욕상실 하게 만드는 거죠…?

모든 일의 시작은 기안서부턴데 이거 체크할
게 수십 개고 결재만 몇 개나 받아야 하는데
누가 일하겠다고 손 들겠어요…?

모두가 시키는 대로만 일하는 이유를 알겠어요.

#김대리일기

😍😆😁😂😥😮😭   댓글 3개

👍 Like   💬 Comment   ➜ Share

Write a comment...   📷 ◯

↳ 그러게요 왜 때문입니까?

  ↳ 조직들의 특징 시키는 대로, 시키는 대로

입사 전에 문서작성
체질 검사를 해주세요

김◦대◦리
2016년 7월 5일 · 서울 · 🕓 · ▼

왜죠…?
왜입니까…?
–
입사 전에 왜 기안서, 품의서 등 문서작성 체질 검사는 하지 않으신거죠…? 그게 직장인의 가장 큰 자질 같은데. 그런 적성검사는 꼭 해야 하지 않을까요?
그랬어야 절 뽑지 않으셨을 텐데.....

#김대리일기

👍❤️😆😮😍😠😢😦   댓글 8개

👍 Like   💬 Comment   ➤ Share

┗ 보고서가 내용보다는 형식에 너무 치중하기 때문이지

┗ 근데 웃긴 건 회사를 옮기면 거기에 맞는 기안 형식 이 있음. 내가 하던 기안은 다 틀린거라 함. 어라이

┗ 그러게요 오피스 매너+우리회사편 시험을 쳤다면 공부하고 (안)왔을텐데

┗ 적성검사 대신 (문서)작성검사를…

문서 잘 만들면 일 잘하는 사람

어떨 땐 저는 문서를 만들기 위해 고용된 사람같습니다. 하루 종일 '보고'만을 위한 문서를 만들 때도 있습니다. 그렇다면 채용하기 전에 문서를 만드는 자질이 있는 지, 그 일이 적성에 맞는 지 시험을 치는 등 검사를 했어야 하는 게 아닌가라는 의문도 들었습니다.

기분이 씁쓸합니다. 어릴 적 어른이 된 저를 꿈꿔보았을 때 위인이 돼 멋진 일을 하고 있을 거란 기대는 안 했지만 이 조그마한 사무실에서 매일 형식에 치중한, 의미 없는 보고서나 만들게 될 줄 몰랐거든요. 부모님 등골을 빼 먹으며 4년을 학교 다닌 게 아까울 정도로 끔찍이 재미없는 일들을 하게 될 것이라고, 마음을 단단히 먹으라고 왜 그동안 사회 선배 그 누구도 말씀해주시지 않았을까요? 그것은 직무유기 아닙니까?

입사한지 한 달 하고도 며칠이 지났습니다.
제게 회사란 무엇이냐고요? 바로 '미나리 나물' 입니다.
하필 양치질 할 상황이 도무지 아닌데 점심 때 반찬으로 먹은 미나리 나물이 어금니 사이에 제대로 낀 그 느낌 아시나요? 도무지 익숙해지지 않는, 점점 더 거슬리기만 하는 그런 존재가 바로 회사입니다.

#김대리일기
기안편 - 댓글

다음 스토리 펀딩 Links

닉네임 고깃○○ ①

└ 간단함. 할 일 없는 회사라서 그래요.
저희 팀에 한 달에 많게는 200여 개 적게는
50여 개 공사건 기안 올리시는 분도 있어요.
일일이 중간에서 붙잡으면 공사 진행 못해요.
공사 진행 못해서 공장 가동 중지 들가면 하
루당 억 단위 손해를 봅니다.
왠만하면 형식 따위나 오타 가지고 반려 안해요.
금액을 심하게 잘못 적은 정도 아니면
뭐 왠만한건 팀장님이 수정해주고 결재 그대로
진행^^;;

닉네임 쪙○○ ②

└ 너무 잘해도 안돼요.
상사들은 숲속의 늑대들처럼.. 번뜩이는 눈으로
조용히 쳐다보고 있답니다.
시킬 놈 없나...
그 시간에 지가 하면 될 것을...ㅋ
잘하면 업무의 늪에 빠지게 되지요.
옷 빠져 나옵니다.
적당히 증증

닉네임 웃○○ ③

└ 회사에서 발생하는 그런 사소한 것들은 모두 정치입니다.
사소한 문구, 단어를 두고 이랬다 저랬다 하는 것은,
그 단어나 문구가 가지는 정치적 의미가 다르기 때문이죠.
결국 잘 하기 위해서는 소통이 되어야 한다는 것이고,
문장을 쓰기 전에 미리 간을 봐야 하는 겁니다.
그럼 그 간이란건 어디서 언제 봐야 할까요?
당연히 회식~ 찾아가 아부하면서~ 등등 자꾸 돌아다녀야
한다는 거죠~ 문제는 상사의 의중을 파악해서 상사의
입맛에 맞춘 그런 보고서가 정말 가치가 있냐는 겁니다.

닉네임 알피○○

↳ 서류 오탈자 수정 등 잡스러운 일을 만드는 상사는 본인 스스로의 무능을 감추기 위한 화장술이죠. 그런 거 말고는 할게 없어서ㅋ 그렇게 해서라도 회사에 자신의 존재감을 나타내고 싶은 무의식속의 심리일거에요. 그냥 그 자를 머리 아프게 가지 판단하거나 하시지 말고 냅둬야죠... 그것도 좀 짜증나긴 하지만

닉네임 hyoo○○

↳ 아는 만큼 보인다는 말이 있죠. 다른 분도 지적했지만 문서작업은 인터넷 댓글 달거나 친구에게 이메일 보내는 것이 아닙니다. 그 만큼 철저해야 하죠. 워 간혹 지나칠 정도의 철저함을 요구하는 팀장일 경우 힘들기는 하죠. 대부분의 회사에서 대리들이 실무를 가장 많이 합니다. 대리 때 많이 하고 경험해야 차후에 과장이나 팀장이 되었을 때 풍부한 경험을 가진 중간 의사결정권자가 되고 최종 책임을 지는 관리자가 될 수 있는 겁니다. 대리 때 불만이 있다면 차후에 당신이 팀장이 되었을 때 그 경험을 바탕으로 좋은 팀장이 되세요. 그러나... 과연...

닉네임 아담○○

↳ 현장직이 아니라 사무직을 하겠다면서 문서작업을 폄하하시면 직장 그만두시는 게 좋습니다. 기안은 공식조직에서의 의사표현입니다. 특히 계약서나 증명서처럼 권리의무와 관련된 문서는 쉼표 하나 잘못 찍어서 소송이 걸리기도 하고 엄청난 재산권이 오고가기도 합니다. 물론 여름철을 하계로 바꾸고 나눔고딕을 맑은고딕으로 수정해야만 직성이 풀리는 또라이 상사도 있지만 공식조직의 모든 공적인 의사 결정이 문서를 통해서 다른 사람이 봐도 쉽게 이해할 수 있도록 명확하게 이루어져야 하는 것은 조직생활의 기본입니다. 아울러 친목조직이 모여 하는 장난이 아닌 다음에야 겉으로 드러나는 소소한 일 하나에도 그 밑에는 엄청나게 자질구레하고 재미없고 쓸모 없어 보이는 일이 많은 것은 당연합니다.

↳ 대댓글 4개

닉네임 ghg○○○→참 개나소나 신물이 나도록 우려먹는다ㅋ 쉼표 하나 잘못 찍어서 소송이 걸려? 금액 외에 그런 일이 어디 있든? 니가 실제로 그런 경우를 맞닥뜨릴 확률이 있기나 하냐? ...문서작업? 걍 세상에서 가장 비효율적인 한국 회사들이 타성에서 하는 육갑일 뿐이야 그런 봐신들이 걍 너무 많아서 성립되는 현상임.

일하고 싶다. 일다운 일 [1]

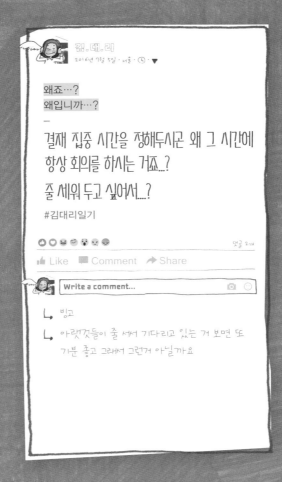

김.대.리 ·
2016년 7월 5일 · 서울 · 🕐 · ▼

왜죠…?
왜입니까…?
–
결재 집중 시간을 정해두시곤 왜 그 시간에
항상 회의를 하시는 거죠…?
줄 세워 두고 싶어서…?

#김대리일기

👍😮🥰😆😯😢😡😍   댓글 2개

👍 Like   💬 Comment   ➤ Share

> Write a comment...   📷 😊

┗ 빙고

┗ 아랫것들이 줄 서서 기다리고 있는 거 보면 또
  기분 좋고 그래서 그런거 아닐까요

변비약 처방해드리고 싶어요 ✒️

막힌 변기를 뚫어본 분이라면 아실 겁니다. 뚫어뻥으로 마구 변기를 조지다보면 뚫릴 듯 말 듯 안 뚫리고 꿀렁꿀렁 소리만 날 때 얼마나 답답한지 말입니다. 결재판 들고 하루 종일 뛰어서 싸인 4개 받고, 최종적으로 대표님 결재만 남았다고 좋아했는데 마지막 관문을 넘지 못할 때 바로 그 같은 심정입니다.

오늘도 싸인 못 받으면 팀장이 찢어진 눈으로 저를 노려볼 텐데 큰일 났습니다. 막힌 업무를 확 풀기 위해서는 결정적 한방, 그의 싸인이 절실히도 필요합니다. 그런데 대표님 그는 왜 그렇게 만나기 어려운 겁니까? 무슨 대통령인 줄…

그가 떴다는 소리에 옷 매무새도 못 가다듬고 뛰어갔더니… 헐퀴! 제 앞에 펼쳐진 풍경에 한숨이 팍 나왔습니다. 저 같이 결재 받으러 온 사람이 한트럭인겁니다. 더 큰 문제는 분명 지금은 그가 정한 '결재집중시간'이라는 그 시간인데 도통 결재하러 들어오라는 소리가 안에서 들려오지 않는다는 겁니다. 시간만 째깍째깍 흐르고… 비서 언니가 그때쯤 하는 말 "지금은 결재 어려우시다고 다음에 오시랍니다."

아까운 시간… 못다한 일…
오늘도 야근이 당첨되었습니다. 빙고!

일하고 싶다. 일다운 일 ²

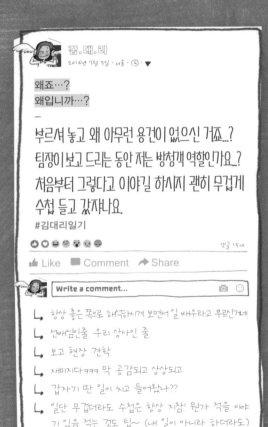

김○대○리
2016년 7월 5일 · 서울 · ⓛ · ▼

왜죠…?
왜입니까…?
–
부르셔 놓고 왜 아무런 용건이 없으신 거죠…?
팀장이 보고 드리는 동안 저는 방청객 역할인가요…?
처음부터 그렇다고 이야길 하시지 괜히 무겁게
수첩 들고 갔자나요.
#김대리일기

👍😆😢😮😡😚🙂   댓글 15개

👍 Like   💬 Comment   ➡ Share

Write a comment...   📷 ☺

┗ 항상 좋은 쪽으로 해석하시게 보면서 일 배우라고 부른신거네
┗ 선배님인줄. 우리 상사인 줄.
┗ 보고 현장 견학
┗ 재미지다ㅋㅋㅋ 막 공감되고 상상되고
┗ 갑자기 딴 일이 치고 들어왔나??
┗ 일단 무겁더라도 수첩은 항상 지참 뭔가 적을 이야
  기 있음 적는 것도 팁~ (내 일이 아니라 하더라도)
  아 사회생활 힘들어 ㅋ

금을 갖다줬는데 똥을 만들어 버리네

김.대.리

2016년 7월 5일 · 서울 · 🕐 · ▼

왜죠…?
왜입니까…?
─
쌔가 빠지게 자료 만든 사람도, 이 일에 대해서 제일
잘 아는 사람도 저인데 왜 저는 회의석에 못 앉나요…?

왜 아무것도 모르는 사람들끼리 바보 대화 하시는 거죠…?

이런 저런건 괜찮다 이거에요. 근데 왜 만들어준 자료
읽는 것조차 잘 못하시는 거죠…?

#김대리일기

댓글 15개

👍💙😍😆😮😢😡😵

👍 Like   💬 Comment   ➤ Share

Write a comment...   📷 🙂

↳ 토닥토닥
↳ 자존심은 곱게 접어 하늘 위로~
↳ 함냥 구구 쌔가 빠지게 만들어 줘도 대충 보고 말
아버리기도
↳ 쌔가 빠지게 만든거 없어져서 안 한게 되기도 하지
↳ 김대리이니까···
↳ ㅋㅋㅋㅋ 기업들 다 그래음 사원부터 저 단계를 거쳐 단
련된 사람은 다 체득화된다는 거~~ 심지어 같은
보고서야나 조금 다르게 여러 종류 만들어 둠 ㅋㅋ

@069

저녁 7시는
제 시간인데요?

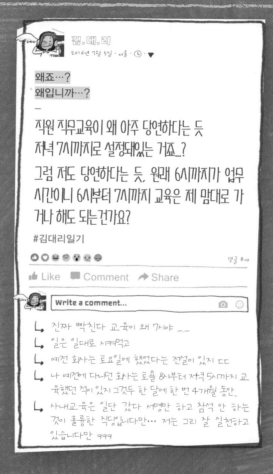

김.대.리
2016년 7월 5일 · 서울 · 🕐 · ▼

왜죠…?
왜입니까…?
—

직원 직무교육이 왜 아주 당연하다는 듯
저녁 7시까지로 설정돼있는 거죠..?

그럼 저도 당연하다는 듯, 원래 6시까지가 업무
시간이니 6시부터 7시까지 교육은 제 맘대로 가
거나 해도 되는건가요?

#김대리일기

👍😆😐😑😮😭😡   댓글 8개

👍 Like   💬 Comment   ➤ Share

Write a comment...   📷 ☺

┗ 진짜 빡친다 교육이 왜 7시야 _ _

┗ 일은 일대로 시켜먹고

┗ 예전 회사는 토요일에 했었다는 전설이 있지 ㄷㄷ

┗ 나 예전에 다니던 회사는 토욜 8시부터 저녁 5시까지 교
   육했던 적이 있지 그것두 한 달에 한 번 4개월 동안.

┗ 사내교육은 일단 갔다 서명만 하고 참석 안 하는
   것이 훌륭한 직딩입니다만… 저는 그리 잘 실천하고
   있습니다만 ㅋㅋㅋ

노의미 얼리버드

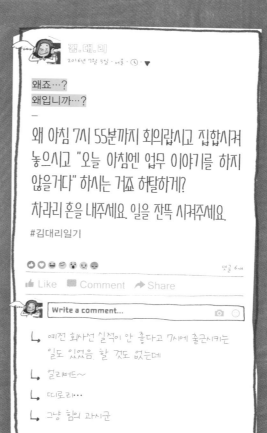

김.대.리
2016년 7월 5일 · 서울 · 🕐 · ▼

왜죠…?
왜입니까…?
—
왜 아침 7시 55분까지 회의랍시고 집합시켜
놓으시고 "오늘 아침엔 업무 이야기를 하지
않을거다" 하시는 거죠 허탈하게?
차라리 혼을 내주세요. 일을 잔뜩 시켜주세요.

#김대리일기

👍😀😂😲😮😠😞   댓글 6개

👍 Like   💬 Comment   ↪ Share

Write a comment...   📷 ○

↳ 예전 회사선 실적이 안 좋다고 7시에 출근시키는
   일도 있었음 할 것도 없는데

↳ 얼리버드~

↳ 띠로리…

↳ 그냥 힘의 과시군

안물안궁 ✑

한 달에 한 번, 전체 업무회의가 있습니다. 평소보다 무려 1시간 5분이나 일찍 출근해야 합니다. 강제입니다. 열외는 없습니다. 뭐 대단한 이야기라도 하는 지 알고 긴장하고 갔습니다만...

직원들 전부 불러놓고, 의미 없는 소리를 잔뜩 하곤 일하러 보내는 게 답니다. 딱히 어떤 지시도, 메시지도 없습니다. 필요치 않은 사담, 잡담을 늘어놓는 겁니다. 그리고 나선 결론적으로 "열심히 일하자"라는 말을 하고 마무리합니다.

도대체 어르신들은 출근 전 아침 시간이 얼마나 귀중한 지, 아침잠 30분을 더 자는 게 얼마나 소중한지 모르는 것 같습니다. 매달 아침 전체회의란, 이 조직의 최고 권력자가 권력을 확인하는 시간이라고 느껴지는 건 저 뿐일까요?

그리고 말이죠, 1시간이나 일찍 출근했는데 별도 수당은 왜 안 주는 걸까요?

오늘은 사장님 따님이 무슨 직업을 가졌는지, 사윗감은 뭐 하는 사람인지에 대한 이야기를 전체 업무회의에서 들었습니다.

손들고 말하고 싶었어요. 안물안궁! (안 물어봤고요, 안 궁금합니다!)

@ 073

직장살이편@

시집살이엔 남편이라도 있지

이런 신조어가 있다고 합니다. '직장살이'. 시집살이는 들어봤어도 직장살이는 처음 들어봤습니다. 그런데 뜻을 안 가르쳐줘도 알 것 같습니다. 상사에게 무시무시하게 시달리는게 시집살이 같다는 거겠죠. 인터넷에서 수많은 직장선배님들이 이렇게 조언하고 있습니다. "귀머거리 3년, 장님 3년, 벙어리 3년이라는 시집살이와 마찬가지로 입사 후 나쁜 소리는 듣고도 못 들은 척, 무슨 일을 보아도 못 본 척, 무슨 말이건 함부로 해서는 안 된다"

예전에 며느리들이 흔히 앓았던 병이 '화병'이라는데. 입사한 지 얼마 되지도 않았는데 벌써 가슴이 답답한 게 저도 혹시….

시어머니 등장

김。대。리
2016년 7월 5일 · 서울 · 🕒 ▼

왜죠…?
왜입니까…?
—

일 여러 개를 동시에 시키신 분이 누군데 일 하나
에 집중을 못하냐고 꾸중 하시는 건 왜입니까…?

그래서 며칠 야근해서 다 잘 끝냈는데 평가
가 왜 그렇게 야박하신거죠…?

김대리2를 데려와서 분담이라도 해야 할까요…?

#김대리일기

😊😍😆😂😢😮😡   댓글 7개

👍 Like   💬 Comment   ➜ Share

 Write a comment...   📷 ◯

↳ 하아 난 오늘 똥맞음 하아 김대리님 남같지 않으네요
↳ 이거 제일 격한 공감!!!!! ㅠㅠ 예시 데려와서 "니가
  원데 날 판단해" 시전하고픔
↳ 아 자꾸 누구 생각나네 나 목력성 돋게 하시던 분
↳ 여러 개 시켜놓고 이거 저것 계속 다 됐냐고 물어보고
  짜증 내가 분신술을 쓰는 것도 아니고
↳ 분신술을 써야

@077

무엇도 되기 싫습니다

　　기안과 문서 작업의 늪에서도, 팀의 성과로 반영되는 굵직한 업무들이 이따금씩 발생합니다. 그러면 잡일을 계속하면서도 팀장과 회사가 중요하다는 일도 동시에 해내야 합니다. 일을 못하거나 미루면 온갖 눈치를 보고 갈굼을 당합니다. 일을 많이, 그것도 잘하면 칭찬이 아니라 일을 더 많이 주고 책임을 떠맡깁니다.

　　열정 없이 '적당히' 눈치 보며 일해야 한다는 사실은 저를 가장 힘들게 했습니다. 어릴 땐 "무엇이 되고 싶습니다"라고 말했어야 했는데 직장인이 되고 나니 "무엇도 되기 싫습니다"라고 이야기해야 하다뇨? 이해할 수 없는 일들 투성이입니다.

　　직장인이라는 건 '일을 잘하는 사람'도 '일을 못하는 사람'도 될 수 없는 '애매한 사람'이 되는 일이라는 것을 왜 아무도 그 동안 가르쳐주지 않았습니까? 이것 또한 어른들의 직무유기 아닐까요? "다 그렇게 살아, 그러니 너도 그렇게 살아야 한다"는 식의 방관에 지나지 않는 것 같습니다.

일 잘해도 문제, 못해도 문제

혼히 TV프로그램에서 표현되는 '일 잘하는 사람'은 어떤 하나의 프로젝트를 맡아 추진하고 어느 정도 어려움을 겪다가 결국 성공적으로 마무리하는 역전 드라마 속 주인공입니다. 중요한 일만 강조, 부각되는 거야 드라마니까 그렇다고 칩시다. 하지만 많은 과정이 축약돼 있다는 것을 왜 아무도 알려주지 않는 걸까요? 짧은 기간 경험한 것을 정리해봤습니다.

① 한 가지 일만 맡는 경우가 없다. : 대부분 여러 가지 일을 동시에 해내야 한다. 그들은 내가 한 가지 일에 몰두하도록 가만히 두질 않는다.

② 한 가지 일에 수반되는 과정이 너무 많다 : 우선 기안부터 난관이다. 수정에 재수정, 재재수정, 재재재수정, 재재재재수정… 무한대로 가는 것도 각오해야 한다. 거기서 끝도 아니다. 관련자 결재만 최소 5개 이상이다. 이 산 넘으면 저 산이 기다리는 형국이다.

③ 내가 내 속도로 일을 마치도록 내버려두지 않는다 : 우선 빨리 하라고 재촉한다. 재촉당한 업무 때문에 다른 업무는 미처 못했는데 바로 그건 언제 되느냐고 묻는다. 야근도 불사하고 내놓으면 집중 못해서 퀄리티가 떨어졌다고 꾸중한다.

④ 이런 상황이 무한 반복이다 : 회사를 때려 치우기 전까지 영원히 반복될 비운의 드라마. 결론은 일을 잘하는 사람은 아무도 없다.

쉽지 못한 건 당신이야

김 · 대 · 리
2016년 7월 5일 · 서울 · 🕐 · ▼

왜죠⋯?
왜입니까⋯?
—
"쉽게 쉽게 가자고, 엉?" 하시는 당신이 상황을
제일 어렵게 만드는 분이라는 걸 왜 모르시죠⋯?
그 쉬운 거 고생하기 전에 처음부터 가르쳐주시지_

#김대리일기

👍😊😆😍😂😮😢😡   댓글 4개

👍 Like   💬 Comment   ➤ Share

Write a comment...   📷 😊

ㄴ 김대리, 고생이 많구만ㅋㅋ

ㄴ 하아_ 퇴근하고 싶다_

내가 힘들면 힘든거다

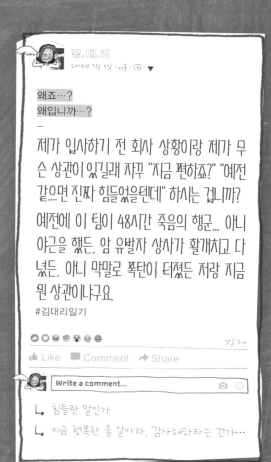

김。대。리
2016년 7월 5일 · 서울 · 🕓 · ▼

왜죠…?
왜입니까…?
—

제가 입사하기 전 회사 상황이랑 제가 무슨 상관이 있길래 자꾸 "지금 편하죠?" "예전 같으면 진짜 힘들었을텐데" 하시는 겁니까?

예전에 이 팀이 48시간 죽음의 행군… 아니 야근을 했든, 암 유발자 상사가 활개치고 다녔든, 아니 막말로 폭탄이 터졌든 저랑 지금 뭔 상관이냐구요.

#김대리일기

👍❤️😆😮😢😡 댓글 2개

👍 Like   💬 Comment   ➤ Share

Write a comment...   📷 ☺

⌐ 힘들란 말인가

⌐ 지금 행복한 줄 알아라, 감사해하라는 건가…

@083

눈치를 보라는 거야 말라는 거야

김⋅대⋅리
2016년 7월 5일 · 서울 · 🕐 · ▼

왜죠…?
왜입니까…?
—
앞 뒷말이 왜 다르죠…?
"직장생활 하면서 눈치를 보라는 게
아니야." "직장생활은 눈치야"
네…? 무슨 말씀이신지…
모르겠어요 …

👍😆😮😆😎😡😢   댓글 18개

👍 Like   💬 Comment   ➡ Share

📷 😊 **Write a comment...**

↳ 무슨 말인지 눈치를 잘 채야죠. ㅎ
↳ 첫 번째 눈치는 주눅이 들어 살피는 것이고
  두 번째 눈치는 센스입니다 ㅋㅋㅋ 한국말이
  어렵죠^^
↳ 눈치 없기는ㅎㅎ
↳ 눈치 보는 티 안나게 눈치 보라고
  난 쿨한자만 니 상사니까.
↳ 와 어렵다
↳ "남 눈치는 보지마 내 눈치는 봐"
↳ 눈치는 보지 말고 눈치 있게 행동 ㅋㅋ
↳ 결국엔 시키는 대로 하라는거
↳ 눈치주기 전에 눈치 있게 해라.?ㅋㅋ
↳ ㅋㅋ 뭘 어렵게 말 그대로 보는 수준이 아니라 눈치
  그 자체라는 것임
↳ 눈치 없는 것도 죄라더이다 ㅋㅋㅋㅋ (물론 유쾌하게
  말씀 하셨지만 뜨끔했다는)

을의 연애

처음에 입사 과정은 연애랑 비슷하다고 느꼈습니다. 처음에 구직자 입장에서는 입사를, 회사 입장에서는 채용을 목적으로 서로 구애작전을 벌이게 됩니다. 그 다음엔 서로 궁합이 잘 맞는지 알아보는 '밀당'과도 같은 채용과정 끝에 마침내 입사 단계에 돌입하게 되죠.

서로를 원했던 만큼 사귀는 기간도 순탄하면 얼마나 좋을까요, 하지만 살아온 시간 만큼 다른 환경에 있던 둘은 녹록지 않은 적응 과정을 거치게 됩니다. 보통 회사가 직원을 (일방적으로) 길들이게 되죠.

곧바로 '을'로 직행하는 기적! 미라클! 그게 바로 현실입니다.

🐝 회사와 애인의 공통점

① 사귀어보지(입사해보지) 않고는 속내를 절대 알 수 없다.

② 열심히 묻고 따져봤자 결국 나 좋다는 사람하고 만나게 된다.

③ 신중하게 결정하지 않으면 망한다. 그리고 추노처럼 따라다닐 이력.

④ 어떤 사람과 함께 하느냐에 따라 몇 년 뒤 내 인상이 결정된다.

⑤ 사귀는 단계에 이르렀다고 다 끝난 건 아니다. 그때부터 전쟁은 시작이다.

⑥ 장점만 보고 사귀었는데 장점이 그게 다다.

⑦ 한쪽이 포기하고 순응하든지, 독하게 헤어지든지 결론내야 끝나는 전쟁.

⑧ 울고불고 해도 막상 헤어지는 것은 의외로 쉽다.

여기저기가 아파서
병원에 갔더니
의사선생님이 그랬습니다.

"만병의 근원이 스트레스입니다. 스트레스 받지 않도록 하세요."

이보다 하나마나한 말이 또 있을까 싶습니다.
스트레스를 안 받을래야 안 받을 수가 없는 인생인데,
무작정 받지 말라 하면 어떻게 해야 할 지 모르겠습니다.

이건 뭔가 불길하다

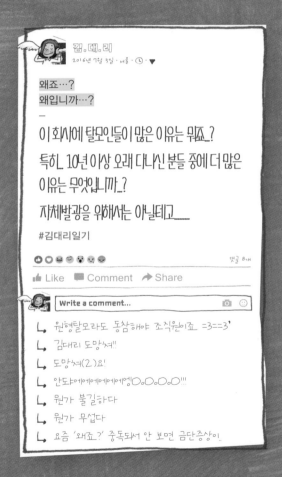

김.대.리
2016년 7월 5일 · 서울 · 🕐 · ▼

왜죠…?
왜입니까…?
—

이 회사에 탈모인들이 많은 이유는 뭐죠_?

특히 10년 이상 오래 다니신 분들 중에더 많은
이유는 무엇입니까_?

자체발광을 위해서는 아닐테고___

#김대리일기

👍😆😂😊😎😭😢   댓글 8개

👍 Like   💬 Comment   ➤ Share

Write a comment...   📷 ☺

↳ 원형탈모라도 동참해야 조직원이죠 =3==3'
↳ 김대리 도망쳐!!
↳ 도망쳐(2)요!
↳ 안돼에에에에에에에엥ㅇㅇㅇㅇㅇ!!!
↳ 뭔가 불길하다
↳ 뭔가 무섭다
↳ 요즘 '왜죠?' 중독되서 안 보면 금단증상이..

자체발광해요

전 직원이 모이는 전체 회의에, 업무 처리하느라 뒤늦게 뒷문으로 들어간 적이 있습니다. 그날 펼쳐진 풍경은 저를 공포로 몰아넣었습니다. 빗대어 설명하지 않겠습니다. 정수리가 숭숭 뚫린 분들이 왜 이렇게 많은 건가요. 면면을 확인해보니 이 회사에 오래 다니신 분들, 직급이 높으신 분들 위주로 탈모가 많다는 것을 알게 됐습니다. 머리카락이 빽빽한 분들은 손에 꼽을 정도라니까요?

탈모가 오래 진행돼 이미 반짝거리는 분들은 그렇다 치고, 안타까운 건 그런겁니다. 머리카락이 가늘어지다가 빠져서 듬성듬성 빈틈이 보이기 시작한 상태인 분들요. 이건 분명 환경 탓이며, 관리가 부족했던 안타까운 사례입니다. 분명, 그 머리카락 지킬 수 있었을텐데 말입니다?

스트레스가 탈모의 원인이라고 들었습니다. 열이 두피로 모이면 머리가 빠진다는 거죠. 그러니까 열 받는 일이 계속 생기면, 탈모가 더 빨리 진행된다는 겁니다.

도대체 상사분들은 이 회사에 오래 다니면서 어떤 역사를 만들어오신 걸까요? 얼마나 큰 모진 풍파를 겪고 기어코 생존하신 걸까요? 누군가의 아버지, 어머니로서, 직장인으로서 살아 남으시느라 힘드셨겠죠. 그 오랜 힘든 생활이라는 게 지금 저의 생활과 다르진 않겠죠, 그러니까 그 자리에 계신 거겠죠. 어딘가 짠하지만, 글쎄요...

10년 전 열린 회사 공식행사 사진에서 저의 직속 상사를 본 적이 있습니다. 깜짝 놀란 게, 당시 앳된 얼굴은 그렇다 치고 머리숱이 지금처럼 적지는 않았던 게 눈에 띄었습니다. 지금은… 흠, 좀 무섭네요. 이런 걸 '역변'이라고 표현한다죠.

그런데 말입니다. 저같이 유전적으로 모발이 가늘고 약한 종족들은 어떻게 하나요…? 전 이제… 그들의 대열에 가볍게 합류하는 건가요.
그러고 보니 요즘 제 머리카락이 우수수 비 오듯 떨어지고 있습니다.

으앙 엄마… 나 어떡해.

산재처리 해주세요

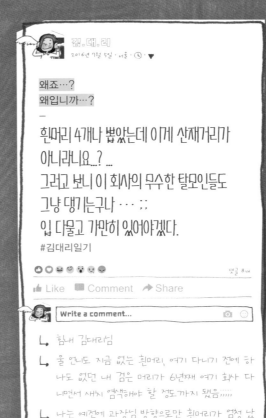

탈모, 새치의 공식

① 회사 때문에, 상사 때문에 스트레스를 받는다 ☞ 탈모 혹은 새치
② 스트레스 받으며 회식을 한다 ☞ 탈모 혹은 새치
③ 스트레스 풀려고 담배를 핀다 ☞ 탈모 혹은 새치
④ 스트레스 풀려고 퇴근 후 한잔 ☞ 탈모 혹은 새치

결국 머리로 귀결될 수 밖에 없는 안타까운 현실.

30대 초반 직장인 친구에게 물어봤습니다. 혹시 니네 회사도 탈모인이 많냐고. 그랬더니 이런 대답이 돌아왔습니다.

"바로 나다. 나 지금 샴푸 20만 원짜리 쓴다. 발모샴푸 이런 거에라도 의지하고픈 1,000만 탈모인의 마음을 니가 알긴 아냐? 월급을 다 쓰더라도 머리는 지킬 거다."

"어? 1,000만?? … 헐퀴"

뉴스를 보니 정말 국내 탈모 인구가 1,000만 명이라고 합니다. 인구의 4분의 1 이라니… 탈모인 모두가 직장이 원인은 아니겠지만 어느 정도 비중은 있겠죠.

다른 직장인의 증언도 들어보시죠.

"예전에 같은 회사에 당시 20대 후반 프로그래머 형이 있었어. 프로그래밍하면서, 이직하려고 알바하면서 공부까지 했는데 2년간 3일밖에 안 쉬었대. 근데 당뇨랑 탈모가 생겨서가... 아니라 너무 너무 심해져서 회사 관두고 다른 일 알아보는 중임.

나도 프로그래머로 전향하려다 그 형보고 무서워서 그만뒀다."

직장은 왜 스트레스일까?

　　생활을 영위할 수 있게 하는 '돈'을 버는 숭고한 그 현장이 꼭 전쟁터여야만 하는 이유가 있을까요? 우리는 모두 죽으러, 건강을 해치러 회사를 다니는 건 아닐텐데 말입니다.

　　이왕 회사를 위해, 경제를 위해, 나아가 우리나라를 위해 생산적인 일을 해야 한다면 기쁜 마음으로 할 수는 없는 걸까요? "남의 돈 벌어가는 일은 그렇게 치사하고 더럽다"고 말하는 인생 선배들은 왜 애초부터 모든 걸 포기해버린 걸까요, 좀 더 환경을 바꿔보려는 노력을 하지 못한 이유는 무엇입니까?

　　달리질 방법은 이미 나와있습니다. 간단합니다. 원인이라는 것을 반대로 제거하면 되는 거죠. 탈모, 새치, 디스크, 거북목 같은 병이 생기지 않으려면 "상사가 눈치를 주지 않아야 하고, 업무를 과도하게 주지 말아야 하고, 불안감을 조성하지 말아야 할 것이며, 야근을 하지 않아야 한다"는 것이죠.

　　"사실, 그렇게 하는 게 정상이잖아요? 왜 모두 입 다물고, 아무렇지도 않은 것처럼 회사를 다니세요?"

　　라고 묻자 어떤 분이 이렇게 대답했습니다.

"왜냐고 묻지 말래요,
그냥 원래 그렇대요.
물어보면 안 되는 거래요."

탈모인 대열에 순순히 합류하지는 않겠다고 생각하면서, 포스트잇에 이런 글을 써서 모니터에 붙였습니다.

"누구도 나를 불행하게 할 자격은 없다"
마음은 먹었는데, 제가 바꿀 수 있는 게 있을까요..?
과연..?

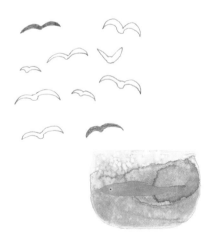

Part.2

김대리,
야근중입니다

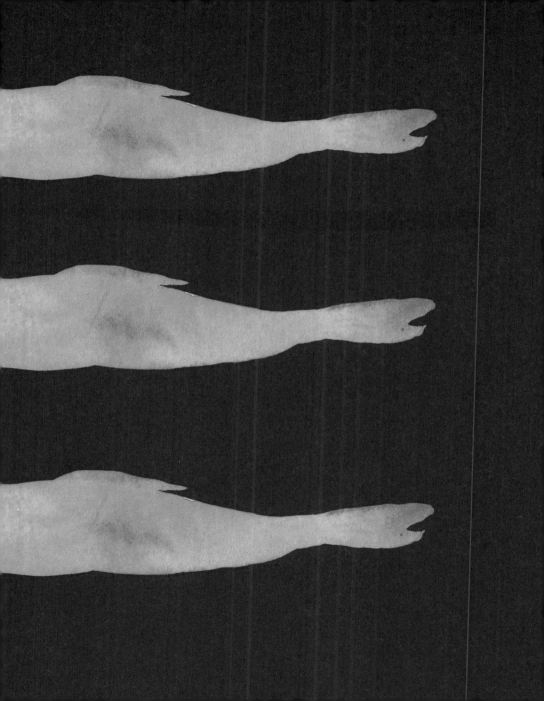

단도직입적으로 묻겠습니다. 회식은 왜 하는 걸까요?

'친목도모'나 '단합'을 위해서 라고 알고 있었습니다만, 실제로 회식을 하면 그 반대 효과를 가져다 주는건 왜입니까?

👁 회식, 넘나 뻔한 것

0. 회식도 업무의 연장인데 시간외수당 안 줌.

1. 식당에서까지 상사 비위를 맞춰야 한다.

2. 상사의 상사가 오면 상사도 상사 비위를 맞춰야 한다. 연쇄적인 비위맞추기.

3. 말하고 싶어서 작정하고 온 사람이 누군데, 조용히 듣고 있으면 되려 말이 너무 없다고 뭐라함.

4. 식사라도 맘껏하고 싶은데 맘껏 시킬 수 없는 분위기. 메뉴 선택권마저 없는 경우도 많다.

5. 시간 되게 안감. 2시간 흐르는 데 체감상 억만시간 같음.

6. 2차 혹은 3차는 꼭 노래방.

7. 그 자리에 상사있는 사람은 무조건 탬버린 쳐야 함. 탬버린 안 쳐도 되는 사람은 위에 상사 없는 사람.

8. 아재들이 좋아하는 옛날 노래 몇 곡은 할 수 있어야 함. 싼티 안 나고, 누구든 알만한 노래이면서도 적당히 감성적이면서 흥겨운 노래류.

9. 그렇다고 사원이 옛날 노래만 부르면 흥깸. 재롱잔치 하듯 적당히 신세대임을 뽐낼 수 있는 선곡도 필요함.

10. 그런 와중에 꼭 찬물 끼얹고 분위기 깨는 사람이 있음.

11. 차 끊겼는데 택시비 챙겨주면 양반.

12. 새벽에 끝났는데도 정시퇴근으로 체크됨. 물론 다음날엔 정시 출근.

그날 회식도 갑작스럽게 찾아왔습니다.

 김.대.리
2016년 7월 5일 · 서울 · 🕐 · ▼

왜죠…?
왜입니까…?
—

다짜고짜 시간있지라뇨…?

월요일부터 왜 때문에 회식.... 컹컹

#김대리일기

☺😊💗😄😆😎😡😵   댓글 13개

👍 Like   💬 Comment   ➤ Share

Write a comment...   📷 ☺

⌐ 매주 월요일 회식인 1인 여기있어요

⌐ 피할 수 없으면 즐겨라, 하루이틀이 아니라
   문제겠죠

⌐ 월금은 회식하지 말아야 해…

⌐ 월요일 회식이라… 다 싫다는데, 굳이 돈 쓰는
   이유는 멀까, 이해불가

⌐ 나도 회식이였슴.. 좀 일찍이라도 끝나지 고생했겠
   고 편한밤 보내기를…

⌐ 난 저번에 가방매고 딱 퇴근하려고 일어났는데
   회식.. 금요일에

듣기 싫은 한 마디

　임원의 제안으로 급 회식이 성사됐습니다. 당연히, 약속을 모두 취소하고 전원이 회식에 동원됐습니다. 뭐 회식 목적은 수고했다며, 격려를 위한 것이래요. 메뉴는 고기였고요. 스마트폰도 못보고, 어르신 하는 말씀을 듣다보니 어느새 밤이 되었습니다.

　라고 하고싶지만 시계를 보니 아직 9시도 되지 않았습니다. 제 체감상 11시는 된 거 같은데...

　우리나라 직장인들은 참 신기한게 저녁 9시는 공식행사를 접는 시간으로 너무 빠르다고 생각하는 것 같습니다. 10시, 11시를 넘지 않으면 안 되는 법이라도 있는 걸까요? 억만시간과 같은 1차가 끝나고 집에 갔으면 참 좋겠는데 어김없이 나오는 한 마디.

　"어디 갈까?"
　" "
　　....

이놈의 회식이란 도무지 1차만 하고 끝나는 법이 없습니다.

슬프세요?

김.대.리
2016년 7월 5일 · 서울 · ⏰ · ▼

왜죠…?
왜입니까…?
—
분위기 띄워놓으면 슬픈언약식

분위기 띄워놓으면 비와당신

저기여, 이보세여????

#김대리일기

😀😁😆😊😍😎😭😮 댓글 8개

👍 Like   💬 Comment   ➤ Share

 Write a comment... 📷 ☺

↳ 마이크로 때려줘요
↳ 워워워 이~이렇케
↳ 어른의 하루란 게 보통은 비애감으로 점철된 까
  닭은 아닐까여
↳ 회사생활이 개 슬픔 월드오브헬조선 한 번 찍어야 할 듯
↳ 아 웃프다 ㅋㅋㅋㅋ
↳ 남자들 마음속의 병맛발라드 감성이라고나 할까
  ㅋㅋㅋㅋㅋㅋㅋㅋㅋㅋ
↳ ㅋㅋ 제 경험상, 슬픈언약식으로 기껏 분위기 만들어
  놨더니 다시 엉망진창이 되네, 라고 생각할지도

2차는 노래방!

당연하듯 2차는 예정돼있습니다. 바로 노래방으로 직행했습니다. 그 전에 사원이 뛰어다니면서 근처에서 노래방을 찾아낸 건 안비밀이고요.

임원님이 첫 곡 스타트를 끊었습니다. 제가 모르는 노래를 부르십니다. 근데 뭐가 그리 신나는 지 몸을 흔들어대고요. 나이 답지 않은 애교도 막 나옵니다. 제 직속상사는 또 뭐가 그리 즐겁고 기쁜지 방긋방긋 웃으면서 소싯적에 마스터한 듯한 탬버린을 마구 쳐댑니다. 그래요, 그렇게 웃는 속이라고 뭐 좋을까요.

참 재밌는 게, 회식 노래방에서는 노래를 부르지 않는 자란 있을 수 없습니다. 반드시 한 곡씩 하는 게 예의인가 봅니다.

가끔은 임원이 상금조로 현금을 꺼내고, 노래를 불러 가장 점수가 높은 사원에게 주기도 합니다. 이건 꽤 흔한 일인 것 같습니다. 돈 안 줘도 된다며 노래 거부권을 행사했다간 온갖 눈총이란 눈총은 다 받겠죠?

남은 시간만이라도 즐겁게 시간을 보내야겠다는 생각이 불현듯 들었습니다. 아까운 내 저녁시간을 이렇게 보낼 수는 없는 일입니다. 신나는 댄스곡 메들리를 선사했습니다. 눈치보던 사원들의 심장도 바운스바운스 뛰는 게 보였습니다. 그들을 간신히 자발적으로 일으켜 세우는 데 성공한 순간,

팀장이 눈치 없이 띠띠띠띠 번호를 입력하더니

잔뜩 흥분된 분위기에 찬물을 화악! 끼얹었습니다.

'런투유'에 '캔디' 불러서 띄워놓은 분위기를 팀장이 '슬픈언약식' 발라드로 조져

놓는 장면을 여러분은 보고 계십니다.

한잔 더 콜?

여러 번 찬물 세례를 맞다보니 노래를 더 부를 기분도 안납니다. 이럭저럭 시간을 다 때우고 나와 보니 벌써 한밤중입니다. 빨리 집에 가서 씻고 자도 다음날 출근 감안하면 6시간도 못 잡니다. 막차는 끊겼고, 택시를 탈 수 밖에 없는 데 눈치를 보아하니 차비 챙겨줄 각은 아닙니다. 기대도 안했지만요.

그때 갑자기 하는 말

"한잔 더 하고 갈래?"

기대를 한 제가 잘못이죠. 더 보태지나 않으면 감사할 따름입니다. 이날만은 못들은 척하고 오는 택시에 올랐습니다. 물론 택시비는 제가 지불했고요. 황금같은 내 저녁 시간도 쓰고, 비위 맞추느라 청춘도 쓰고, 이에 더해 택시비도 쓰고 참으로 가관입니다.

"한잔 더 콜" 거절
했더니 "지옥 콜"

 킴。대。리
2016년 7월 5일 · 서울 · 🕐 · ▼

왜죠…?
왜입니까…?
―

화식의 목적은 단합 아니었나요… 왜 분열이죠…?
어제 할아버지 임원들 빼고 팀원끼리 3차 가자
는데 안 가줘서 복수하는 거 설마 아니시겠죠…?
화식 다음날 아침부터 이 무슨 살얼음판……

#김대리일기

👍😆😄😮😢😠   댓글 5개

👍 Like   💬 Comment   ➤ Share

 | Write a comment...   📷 ◯

┗ 아직도 2, 3차 가는 문화가 있어요?

┗ 아오 누가 살얼음 모드 타야 되는데 ㅋㅋㅋ 선빵
　　당함??ㅋㅋㅋㅋㅋ

┗ 노래방에서 슬픈연약식 불러서…

┗ 내 전 회사에서는 회식하면 항상 분위기 안 좋게
　　끝남 ㅋㅋㅋㅋㅋㅋㅋㅋ

┗ 난 이게 뭔가… 했어 첨에 나중에는 내 돈주고 사먹
　　고 말지, 라는 생각밖에 안 들어 -_-`

회식은 분열의 장

다음 날 출근하니 상사님 얼굴이 안 그래도 험악한데 더 악마로 변해있었습니다. 왜 있잖아요, 말 안해도 기분 상한 거 딱 느껴지는 거. 누구 하나 조질 놈 없을까 찾아보는 눈치입니다. 분위기는 무겁고, 폭탄이 한방 터질 것 같은 전운마저 맴돕니다.

아무리 생각해도 화날 이유가 하나도 없는 것 같은데 화가 나 있단 말입니다. 왜냐면 전날 회식과 오늘 출근 사이 틈은 자기네 집밖에 없기 때문이죠. 회식에서 일어난 일 아니면 집안 문제로 화가 난 것 같은데 도통 모르겠단 말입니다. 노래방에서 분위기 조져놓으셨을 때, 무려 박수도 쳐드렸는데 이러시깁니까. 택시비 1만원 넘은 거 청구도 안 했는데 이러시기에요?

회식 땐 분명 앞으로 더 잘해보자더니, 언행일치가 안 되는군요. 이럴거면 회식을 도대체 왜 하는지 모르겠습니다.

회식 안하고 가만히 있으면 현상유지라도 되는데 말입니다.

'장그래'의 회식

회식한 다음 날은 회사에 가기 싫고, 차라리 아프고 싶습니다. 피곤한데 정시 출근은 기본입니다. 몸이 허락한다면 격렬히 앓아서 눕고 싶습니다. 체온 재고 나서 39도나 40도 정도의 숫자 확인 후 "나이스" 외치고 싶습니다.

미생에서 '장그래' 팀의 회식은 값진 시간으로 그려지대요. 열심히 일하고, 쌓인 스트레스를 함께 푸는 시간이 회식이죠. 회식은 공감의 장이기도 하고, 어려운 이야기를 쉽게 꺼내는 시간이기도 하죠. 사담을 통해 서로를 알아가는 유익한 시간, 친목도모의 장이기도 하고요.

부럽다고 생각하다가 피식 웃어봤습니다. 우리나라 어딘가에 이 글에 공감하지 않는, 회식이 좋은 사람들도 분명 있겠지요.

"회사가 전쟁터라고? 밀려날 때까지 그만두지 마라. 밖은 지옥이다."

이건 미생에 나오는 말인데요, 제가 하고 싶은 말은

"밖이 아니라 여기가 지옥입니다."

제보를 받았습니다

http://www.

판교에 있는 모 IT업체 팀장님이 이런 만행을 저질렀다고 합니다.
팀원들이 다 있는 카톡방에 당일 회식하자며 투표를 한거죠.

질문은
"오늘 저녁 회식 콜?"
입니다.

여기에 팀원들이 선택할 수 있는 옵션은 두 가지라고 합니다.

참석-"콜"
불참- "보기 싫은 사람이 있어서 안 가요"

이 두 개 중에 반드시 투표하라고 했답니다.

여기다가 불참 누르면 보기 싫은 사람이 있어서 회식 안 가는 사람이 되는 겁니다. 다들 투표를 하려다 동공지진이 일어났다는 후문입니다. 어떻게 됐느냐구요?

전원 당일 회식 참석!

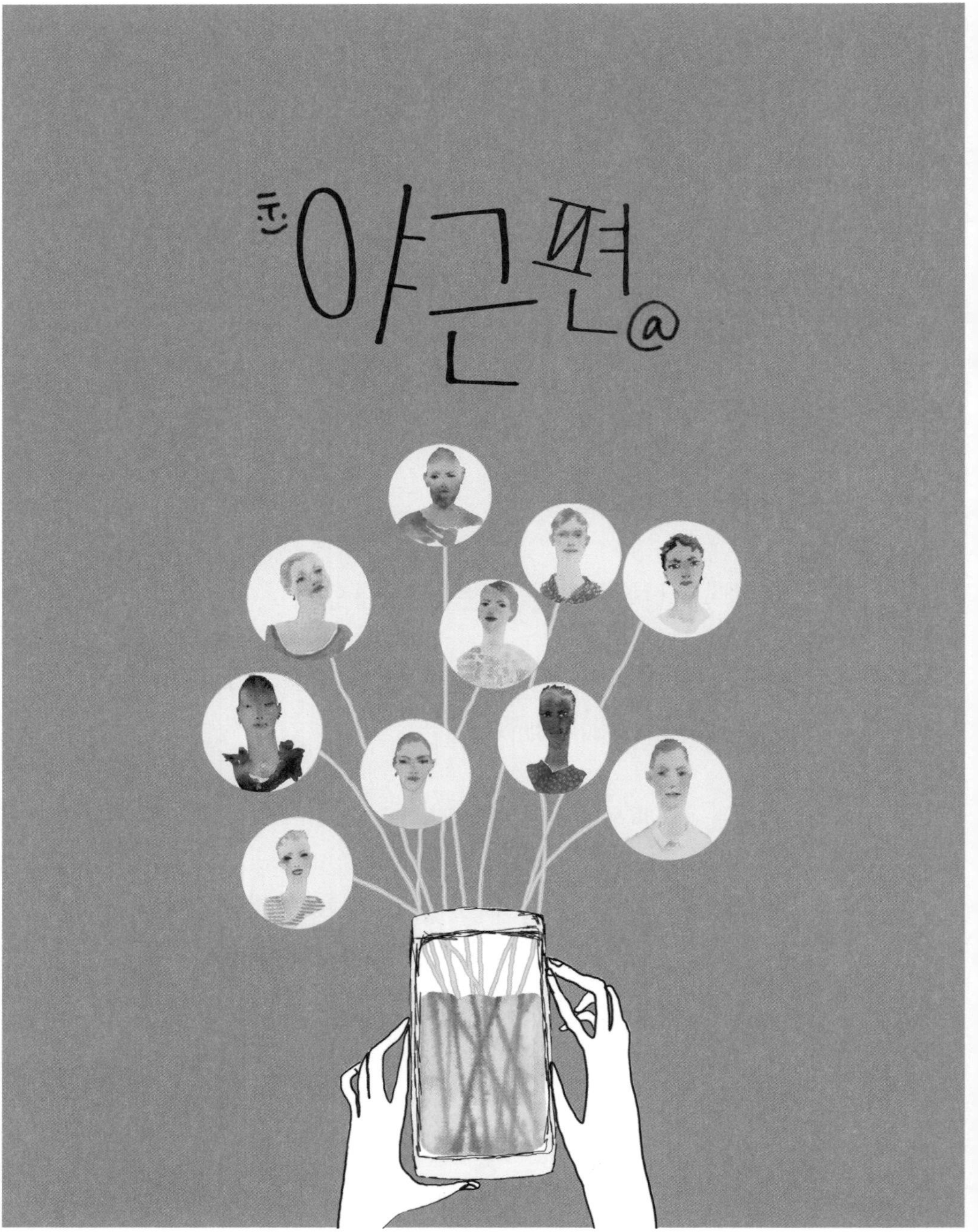
야근편@

지독하고 지긋지긋한 야근

'저녁이 있는 삶'은 언제부터 직장인의 가장 큰 꿈이 되었나요? 왜 회사는 우리의 소중한 저녁시간을 무기로 '갑' 행세를 하는 걸까요?

"저, 이제 퇴근하겠습니다."

저녁 6시 30분, 김사원이 가방을 들고 상사에게 가서 퇴근 인사를 했습니다. 그랬더니 상사가 찢어진 눈을 더 찢으면서 말했습니다.

"누가 가보겠습니다- 통보식으로 그래래? 어? 가봐도 되겠습니까? 혹은 제가 할 일이 더 남았나요? 물어봐야 정상 아닌가?"

그녀는 그 자리에 서서 오랫동안 꾸지람을 들어야 했습니다. 집이 멀다는 이유로, 입사 후 며칠간 다른 직원보다 조금 일찍 퇴근을 서두른 것까지 합쳐서 혼이 나야 했습니다.

그 일 이후로 퇴근시간을 자신이 조율하는 사람도, 먼저 가보겠다고 손드는 사람도 없어졌습니다. 그렇습니다. 창살 없는 감옥이 만들어진 것입니다. 감옥에서 매일 내보내주는 것은 '상사', 한 명 뿐입니다.

퇴근이 뭐죠? 먹는건가요

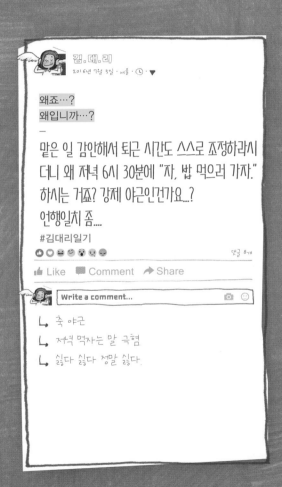

김.대.리
2016년 7월 5일 · 서울 · 🕐 · ▼

왜죠…?
왜입니까…?
—

맡은 일 감안해서 퇴근 시간도 스스로 조정하라시
더니 왜 저녁 6시 30분에 "자, 밥 먹으러 가자."
하시는 거죠? 강제 야근인건가요...?
언행일치 좀....

#김대리일기

😆🙂😮😢😡😵😭😞   댓글 8개

👍 Like   💬 Comment   ➤ Share

Write a comment...   📷 ☺

┗ 축 야근
┗ 저녁 먹자는 말 극혐
┗ 싫다 싫다 정말 싫다.

아저씨 오해는 말아주세요 ✍

나 여보세요

아저씨 경비실이에요

나 네네 안녕하세요?

아저씨 아가씨. 왜 집에 안 들어와?

나 헉 저 집에 안 들어간 적은 없는데!! 억울해요. 근데 왜 그러시죠...?

아저씨 뭐라구? 그럼 택배는 왜 안 가져가? 3개나 와 있는데 자리차지를 하잖아.
4일이나 됐는데 가지고 가야지. 난 또 아가씨가 집에 계속 안 들어오는 줄 알았네.

나 아 제가 집에 들어갈 땐 아저씨가 퇴근하시고 또 아침엔 아저씨보다 일찍 나가
는 거라구요 ㅠ.ㅠ 9시에 나오시고 저녁엔 9시 반에 퇴근 하시잖아요... 흑흑

아저씨 아 ... 그렇구나.. 일찍 들어오는 날 없어요?

나 ......저기 죄송한데 오늘도 안 되는데... 꼭 가져가겠습니다... 죄송함돠....

아저씨 껄껄 아가씨 되는 대로 빨리 가져가.

나 넵.....ㅜㅜ

당연하지 않은데 당연한 야근

깸.대.리
2016년 7월 5일 · 서울 · 🕐 · ▼

왜죠…?
왜입니까…?
–

일찍 출근하면 빨리 일하고 야근 없이 집에 갈 수 있느냐는 질문에 "아니오, 일찍 나온다고 일찍 가는건 아닙니다. 시스템이 그렇지 않아요" 라고 당연스레 말하게 된 이유는 무엇입니까…?

어느새 길들여진 건가요, 포기한 건가요.

점점 당연하지 않은 게 당연해지고 있는 어느 날.

#김대리일기

👍😆😍😮😭😡 댓글 8개

👍 Like   💬 Comment   ➜ Share

 | Write a comment... 📷 ☺

  ↳ 김대리일기를 눈물나게 애독중입니다ㅠ어대리 드림

  ↳ 부하직원에게 칼퇴하라고 하면 부하직원이 빅엿을 먹으니 ㅠㅠ

  ↳ 걍 가 버리면 결국 포기하게 됩니다. 대신 맡은 일은 완벽하게 하는 조건으로 ^^ 작은 조직일수록 어려운게 더 많죠 ㅋㅋ - 겁나 오래 전 한대리 드림

  ↳ 부조리합니다

 @114

폭풍전야

   입사 후 첫 회의 때 상사가 그런 말을 했던 게 기억납니다. "자신이 맡은 일은 책임지고 하고, 퇴근도 스스로 조절하도록 하세요" 참 합리적인 말이라고 생각했습니다. 사원 각자가 프로젝트 매니저가 되어 책임을 맡고, 근무 시간도 이에 따라 알아서 하라는 뜻이니까요. 그 말 할 때까지만 해도 존경의 시선으로 상사를 바라봤습니다.

   그런데...

   문제는 사원 개인이 업무를 조절할 수 없는 시스템이라는 겁니다. 업무 분배가 고르게 되지 않기 때문입니다. 매일 근무시간 내에 각자 열심히 일할 수 있도록 업무를 고르게 쥐어주면 될텐데, 항상 상사는 몰아서 갑자기 추진합니다. 루틴한 업무조차 빠듯하게 시일을 미루고 미룹니다. 어쩌다 하루이틀 한가한 때가 오면 불안해집니다. 몰려오는 야근의 기운이 느껴지기 때문입니다.

   불행합니다. 한가할 때도, 바쁠 때도 불안할 수 밖에 없습니다. 어쩌다가 집에 일찍 가는 날에는 이런 말을 하게 되더라고요.

   "내일은 어떤 폭풍이 올까! 두렵다!"

언니, 저 싫죠?

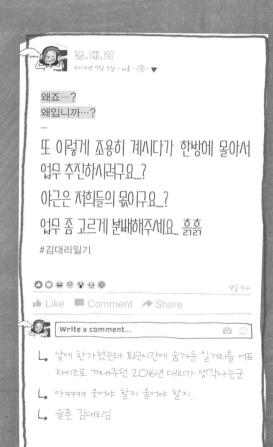

김。대。리
2016년 7월 5일 · 서울 · 🕐 · ▼

왜죠…?
왜입니까…?
─

또 이렇게 조용히 계시다가 한방에 몰아서
업무 추진하시려구요..?

야근은 저희들의 몫이구요..?

업무 좀 고르게 분배해주세요.. 흑흑

#김대리일기

👍❤️😆😮🥰😭😡   댓글 5개

👍 Like   💬 Comment   ➤ Share

Write a comment...   📷 ☺

　↳ 낮에 한가했는데 퇴근시간에 숨겨둔 일거리를 서프
　　라이즈로 꺼내주던 2016년 대리가 생각나는군

　↳ 아ㅋㅋㅋㅋ 웃어야 할지 울어야 할지..

　↳ 슬픈 김대리님

1-1=2

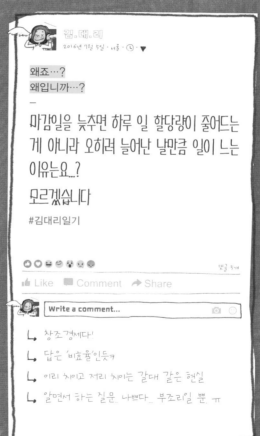

야근을 피하고 싶어서

한번은 매달 루틴하게 하는 업무에 대해 하루만 마감을 늦추자고 건의해봤습니다. 마감 예정일이 너무 빠듯해 3일 내내 야근이 불보듯 뻔했기 때문입니다. 제가 보기엔 직원의 소중한 저녁을 뺏으면서까지 하루 일찍 마감한다고 크게 달라지는 것도 없는 일이었습니다.

그랬더니, 야근하는 날이 하루 더 늘어나는 기적을 보았습니다!

3일 동안 할 일을 4일로 분배해서 하자는 취지였는데, 오히려 상사가 늘어난 시간 만큼 더 꼼꼼히 검토하려고 나선 것이었습니다. 보통이면 3번 수정할 것을 하루 더 생겼다고 6번을, 곱절로 하려고 들었습니다.

저보다 1년 넘게 일찍 입사한 사원이 울상인 표정으로 제게 말했습니다.

"김대리님, 그런 건의하시는 건 좀 더 생각해보세요. 그냥 몰아치듯 업무 추진하고, 하루라도 편하게 쉬는 게 낫지 않을까요?"

"아.. 그런 것 같네요. 제 생각이 짧았어요. 미안합니다."

저는 그렇게, 힘없이 사과해야만 했습니다.

뭔가를 바꿔보려고 하면 부작용이 생기는 것을
도무지 이해할 수 없었습니다. 업무를 제안하면 업무를 더 주고,
시간을 더 들여 업무를 분배하자 하면 되려 야근을 줍니다.
결국 모든 것은 똥으로 돌아온다, 이 말입니다. 기어코 입을 다물고 시키는 대로 해
야만 하는 것일까요?

불금에 야근은
기본이죠 데헷ㅡ!

김.대.리
2016년 7월 5일 · 서울 · 🕐 · ▼

왜죠…?
왜입니까…?
ㅡ
불금에 아직 회사인 이유는..?
13일의 금요일..야근..시부엉..

#김대리일기

댓글 15개

👍 Like   💬 Comment   ➤ Share

Write a comment...   📷 ☺

↳ 다 놀았으니 이제 집에 가야지 수고하십쇼!
↳ 불금에 야근하고 있는 1인 추가요 ㅠㅠ
↳ 전 회식 엉엉
↳ 화이팅 ㅠㅠ

눈물로 쓰는 이 글

"우리는 노예다. 일개미이다. 사용자의 하찮은 피사용자일 뿐이다"

그런 생각을 하면 아침에 정말 출근하기 싫습니다. 이거 하려고 한학기에 등록금 삼사백씩 내면서 쌔가 빠지게 졸업했나 싶고요. 살면 살수록 세상살이 어려운 일 밖에 없다는 것을 알려주지 않은 부모님이 원망스럽기도.

괴로웠던 전 마음에서 노예 근성을 치우기로 했습니다. 시키는 대로만 하면 정말 노예가 될지도 모른다는 생각에서입니다. 어차피 시키는 대로 밖에 할 수 없지 않냐고 하실지도 모르겠습니다. 그래요. 하라니깐 해야죠. 일은 어쨌든 해야 합니다. 하지만 마음가짐을 달리해보기로 한 겁니다.

"이것은 당신들이 시킨 일이지만 '나의 일'입니다. 나는 내가 맡은 일을 잘 컨트롤할 수 있고 이 일에서만큼은 최고책임자입니다. 만일 내가 맡은 일에 오류와 문제가 발생하면 뒤따르는 책임도 기꺼이 달게 지겠습니다."

이런 다짐으로 하라는 일만 하지 않고, 때론 찾아서 하고 아이디어 제의도 하곤 했습니다. 그게 업무 할당량을 불리는 것을 알고 있지만, 어차피 정해진 업무시간 내에 열심히 해보고, 못한 부분은 다음날 처리하면 된다고 생각했기 때문입니다. 업무 집중도를 높임으로써 저의 가치를 높이는 겁니다.

이렇게 하면 퇴근 시간을 제가 정할 수 있다고 생각했습니다. 제가 맡은 바를 하고 나선 당당히 퇴근해도 뭐라 할 사람이 없어야 한다고 생각한 겁니다. 스스로 일의 진행속도와 균형을 맞춰 잘 처리했기에 퇴근 후 누군가에게 피해를 줄 일도 없습니다.

일반 직장에 들어와 정말 죽도록, 미치도록 듣기 싫은 말은, 상사에게 듣는 "별일 없으면 퇴근해"라는 말입니다. 그건 그 양반이 할 말이 아니라 제가 할 말이기 때문입니다. 일의 주체자는 나인데, 왜 그 양반이 제 퇴근을 컨트롤 하나요? 오늘 업무 진행 사항만 전달하면 일방적으로 "퇴근하겠습니다" 통보해도 괜찮은 시스템을 만들어 가려고 부단히 노력해봤습니다. 아니 말 안하고 퇴근 시간에 없어지는 시스템을 정착시키려고 노력해봤습니다.

하지만 제 도전은 실패했습니다.

매일 퇴근 시 눈치를 봅니다. 일은 효율적으로 똑똑 떨어지지 않고 팀원 모두에게 공평하게 분배되지 않습니다. 어찌어찌 진행되다 보면 하나의 일이 공동의 업무가 되고 또한 공동 책임이 돼버립니다. 마치지 못한 일이 있다면 밤 12시가 되서도 함께 대기해야 하는 일이 부지기수입니다.

일주일에 3~4일은 왜 내가 이 사무실에 갇혀 있어야 하는지 모른 채 앉아 있어야만 했습니다. 그것도 아침 8시 30분에 출근해 밤 12시까지요!

여성은 조직에서 조금은, 아주 조금은 배려받는 것도 사실입니다. 이걸 악용하지 않으리라 다짐한 적 많습니다. 그런데 말입니다, 참 애매하고 어려운 경우가 많습니다.

특별히 맡은 바가 없더라도 특정 업무의 굴레는 전 팀원에 씌워져있고, 그것을 한 공간에서 함께 시간을 보내면서 더디게 처리하는 시스템은 남자들에게 더 익숙합니다. 남자 직원 1이 남아있으면 남자직원 2도 함께 남는 암묵적인 약속이 만들어집니다.

저는 그나마 여성이라서, 밤 12시보다는 빠른 11시 30분이나 50분에 퇴근합니다. 버티고 버티다가, "김대리는 그만 정리하고 들어가"라는 말을 들으면 유혹을 이기지 못하고 넉다운되는 겁니다.

그렇다고 이 정도 별것도 아닌 업무에 대해 "퇴근하지 않고 이 고통 30분이나 1시간 더 함께 하겠습니다"라고 하는 것도 우습습니다. 사무실 내 이 같잖은 '암묵적 의리'에 동참하기도 참으로 그렇습니다.

전... 어떻게 해야 할까요?

다 못한다고요. 다 못한다니까요.

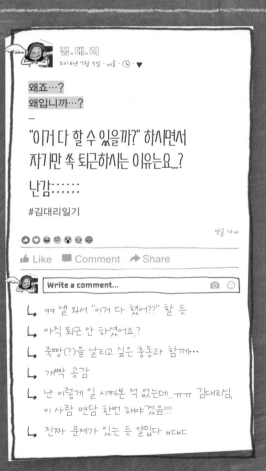

김。대。리

2016년 7월 5일 · 서울 · 🕐 · ▼

왜죠…?
왜입니까…?
—

"이거 다 할 수 있을까?" 하시면서
자기만 쏙 퇴근하시는 이유는요…?
난감,,,,,,,

#김대리일기

😆😍😂😭😲😠😱   댓글 10개

👍 Like   💬 Comment   ➡ Share

─────────────────────────

😀 | Write a comment...   📷 😊

↳ ㅋㅋ 낼 와서 "이거 다 했어??" 할 듯

↳ 아직 퇴근 안 하셨어요?

↳ 죽빵(?)을 날리고 싶은 충동과 함께…

↳ 개빡 공감

↳ 난 이렇게 일 시켜본 적 없는데…ㅠㅠ 김대리님,
   이 사람 면담 한번 해야겠음!!!!!

↳ 진짜 문제가 있는 듯 알밉다 ㅂㄷㅂㄷ

지금은 옆팀 직원과 대화 중 ⚡

"저희 와이프는 9 to 6, 정확히 그렇게 하는 회사에 다녀요. 거기다 점심시간은 1시간 반이에요."

라고 남대리가 말하는 순간 모두가
"우와 좋겠다~~~"라며 부러움의 탄성을 질렀습니다.

이에 김대리는
"그럼 6시 땡하면 뒤도 안 돌아보고 집 가는 건가요?"라고 물었습니다.

남대리는 재차
"그렇다니까요. 바로 가방 싸요"하고 대답했습니다.
그리고 덧붙였습니다.

"대신, 연봉을 포기했어요. 입사 때 계약이 그래요."

" "
....

먹고싶었죠? 솔직히 말해요

김。대。리
2016년 7월 5일 · 서울 · 🕐 · ▼

왜죠…?
왜입니까…?
—
오리고기와 돼지고기 수육 그리고 해물파
전을 먹인다고 해서 야근을 달랠 수 있다고
생각하십니까…?

간단한 거 빨리 먹고 빨리 일하고 집에
빨리 가는게 더 낫다는 걸 왜 모르세요..?

부들부들 왈칵.

#김대리일기

😆😮❤️👍😢😡   댓글 8개

👍 Like   💬 Comment   ➤ Share

📷 😊

Write a comment...

ㄴ 야근을 달래려는게 아니고 본인(누군지는
아시죠?)이 먹고 싶은 겁니다.

ㄴ 만성적 야근의 거부감을 줄이고자 일부러
식사 핑계로 시간을 쬐끔 더 잡아두는 게
아닐는지요. 야근과 잔업을 생활화하면
칼퇴는 이미 전쟁의 기억쯤으로..

ㄴ 자극적인 음식을 제공함으로써 잔여
근무에 무감각해지고 점차 칼퇴근이
좌악시 되는 세뇌가 진행된 이후...
음식을 끊음.

ㄴ 돈으로 주뎅가 ㅋㅋ

간절히, 퇴근하고 싶습니다

깸。대。리
2016년 7월 5일 · 서울 · 🕐 · ▼

왜죠…?
왜입니까…?
–

아무 생각도 안 나는 건 왜입니까…?

3일 야근하고 나니

멍청이 로봇이 된 느낌이에요……

끼릭끽 끽…………끼릭…… 끽……

#김대리일기

😊💛😆😝😲😭😱😡 댓글 7개

👍 Like 💬 Comment ➤ Share

 Write a comment... 📷 ☺

> ↳ 무슨 느낌인지 알겠다. 잠시잠시 숨 쉬어가면서 금요
>   일 보내~ 그래도 금요일이잖아? 그게 좀 먹어주지

> ↳ 3일 야근? 그럼 생일날도 야근하셨나요? ㅜㅜ

> ↳ 그래 이젠 쉬자 ㅜㅜ

> ↳ 야근이 아직 부족하신 겁니다 임계점을 넘어야지요 ㅋㅋ

> ↳ 여기 기름!

> ↳ 푹 쉬셔유 침대와 한 몸이 되어

@133

우리의 소원은 정시퇴근 ✦

언제부터 우리의 소원은 통일이 아니라, 어째서 정시퇴근이 된 걸까요? 이해할 수 없습니다. 왜 눈칫밥은 그렇게 쓰고 눈물 맛이 나는 걸까요. 우리회사만 이런 거냐고 주변에 물어봤더니 이런 대답이 돌아왔습니다.

"내가 신입사원일 때야. 신입이라고 봐주지 않고 일을 막 시키더라고. 옆에 대리나 과장들보다 훨씬 내가 일을 많이 했단 말이야. 6시, 퇴근 시간에 "저 오늘 이런 저런 시키는 업무를 다 했고, 이제 가보겠다. 안녕히 계세요" 했더니 상사랑 사무실에 있는 사람들이 나를 보면서 폭소를 터트리는 거야. 진짜 대폭소. 그 상황이 이해가 안 돼서, 왜 웃으시냐고 물어봤더니 "XX씨는 정말 직장생활을 안 해봤나 보다"라고 말하며 비웃는 거야. 듣자 하니 자기 할 일 다했다고 먼저 퇴근하는 건 일반 직장인의 행동이 아니라는 거야. 왜지? 그 때도 너무 이해가 안 됐고 지금도 이해 안 돼서, 나는 직장하곤 안 맞나 보다 했지. 그래서 그만뒀어. 그리고 다시는 회사생활을 안 했어."

안 맞으면 그만둬야 하고,
그만두면 월급이 끊기고,
월급이 끊기면 월세와 카드값을 못 내니
안 맞아도 맞아야 하는데 그것이 참... 어렵습니다.

#김대리일기 Links
야근편 - 댓글

다음 스토리 펀딩

닉네임 **높은○○** ③

↳ 그래서 현기차 노조를 욕하면 안 된다,
그들은 그렇게 투쟁해서 정시퇴근하고, 그렇게
투쟁해서 휴가도 월급도 정상적으로 받는거다,
몇십 년 전 노조 없을 땐 현기자동차는 아니고
현대중공업 정문에서 정주영이한테 쇳대빠 까이는
노동자도 봤고, 머리 길다고 혼나는 것도 봤다.
↳ 징징거리지 말고, 투쟁하고, 투쟁 못하면
투쟁하는 사람들 욕하지 마라

닉네임 **blueg○○** ①

↳ 왜 정시퇴근 시간을 넘겼는데도 '죄송하지만
먼저 들어가보겠습니다'라고 인사해야 하는건가.
심지어 왜 난 그게 자연스러운가. 약속 있는 날
친구들에게 '미안해. 팀장이 아직 안 갔어ㅠ'
라고 하면 늦는 이유를 모두 납득하는가!

닉네임 **이○○** ③

↳ 내부 프로세스에 무언가 문제가 있다고 판단될 경우
누구나 문제를 말할 수 있어야 하는 문화가 필요하다고
생각해요. 하지만 윗사람 입장 혹은 보수적 성격의 집단
혹은 사람이라면 쉽사리 받아들여지진 않을듯. ㅜㅠ

닉네임 **카스○○** ⑦

↳ 완전 공감합니다!!
가장 최근에 일했던 곳에서 같은 일을 겪었거든요ㅠㅠ
사실 그 이전에 일했던 곳에선 늘 칼퇴근이었고, 그 이후 잠깐 제 사업할 때도
직원들 칼퇴근 시켜주던 저라서, 퇴근할 때쯤 '대리도 얼른 퇴근해~ 내일 오전
회의때 발표할 PPt 만들어놓고~ 참, 아침 8시까지야~'란 말을
매주 들었을때의 빡침이란ㅎㅎㅎ

닉네임 Brad○○ ⑤

ㄴ 개인기업의 퇴근문화 개선이 아니 되니 가령 정부의
인사혁신처 등이 시범을 보이려는 움직임이 있었지요.
탓할게 아니라 누구라도 먼저 퇴근문화에 대한 의식구조를
정착화해서 유럽 같이는 안 되더라도 퇴근 눈치 보는 거는
정말 사라져야 합니다.. 유럽 공공기관 분들이 한국 방문 때
저녁 6시가 되었는데도 자리를 뜨지 않는 사람들을 보며
사진을 찍으며 it's so miracle이라고 하더군요.
경제는 10년 전도 어려웠고 어제도 어려웠습니다.
능률을 생각해 퇴근문화는 개선이 꼭 필요합니다.

닉네임 치즈○○ ⑥

ㄴ 사장의 개인 약속이나 카톡, 신문 읽기로 항상
퇴근시간 30~40분 기본으로 늦음.
쌓이고 쌓여서 분기별로 몇 번 말씀드려도
그대뿐임. 오히려 말할수록 화냄. 폭발해서
그만둔다고 짐싸니 그대부터 미안하다 사정사정
한동안 제대로 마치는가 싶더니 슬슬 20분
넘어가고 있음. 자기 시간만 중요하고 다른 사람
시간은 안중에도 없고 그만둔데도 참 정말 화남.
친구들이나 지인들도 이해 못하고

닉네임 처음○○ ⑦

ㄴ '옛날에 우리땐 다 그렇게 했어'라고들 하죠.
옛날에 그렇게 했으면 지금도 그래야 되는 건가요?
그리고 회사의 발전 창의성을 바라는 건가요?
기성세대 늙은 상사들 이기적입니다.

닉네임 나파○○ ⑧

ㄴ 옛날엔 더했다고 훈계하시는데. 더 좋은 문화
만들 생각은 안 하고 답습하고 가르치고 하다니.
글로벌은 마인드부터 글로벌 해야 하는 것이다.

닉네임 구르미○○ ⑩

ㄴ 능력이 좋아 빨리 끝내는거 보다 천천히 오래 버티는 사람이
이기는 산업구조가 능력있는 젊은이들의 취업을 막고 있는건
어느 개인이 바꾸긴 어려우니 법이 개정되어 개인의 능력이
존중받는 경쟁력있는 대한민국 국민이 되길 바라봅니다.

닉네임 마징가○○ ⑨

ㄴ 저는 X세대입니다. 응답하라 1994의 같은
세대이고요. 항상 변화의 첫 대상이 되던, 어찌 보면
불운한 세대 옛 세대가 이해되고, 요즘 세대도 이해되고,
뭐 그러네요. 옛날엔 고성장시대이니 여러 가지 기회와 보상이
직장에서 보장되었고 따라서 큰 불만 없이 일을 했겠지만,
요즘은 저성장시대라 기회가 많지도 않을뿐더러 보상이라는
것도 예전의 그것 같지는 않죠. 세상은 변하고 있는데
사람들의 생각은 정체되어 있어서 그렇다고 생각합니다.
사람들은 흔히 자기의 경험과 시야로 세상을 보고
좋든 싫든 세상의 중심엔 자기가 있을
뿐이니까요.

닉네임 후니○○ ⑪

ㄴ 출근은 일찍 퇴근은 항상 늦게...
그래야 열심히 일하는 걸로 보이는 이런 현실...
왜 무조건 책상에 오래 앉아 있어야 한다고
생각할까요??? 학교 갓 졸업하고 취업했을 때
사무직임에도 불구하고 현장 퇴근할 때
(잔업하고) 같이 퇴근해야 한다구 혼났었던
기억이 아직도 나네요.

이쯤에서 질문을 던져보겠습니다.

30분 일찍 출근하는 것은 당연하게 생각하는데,

어째서 30분 빨리 퇴근하는 건 당연하지 않은 걸까요?

출근 시간은 꼭 지켜야 하는데, 왜 퇴근 시간은 지키면 안 되는 걸까요?

개인의 시간을 회사에 쓰는 건 당연한데,

회사는 어째서 개인 사정 한번을 안 봐주고 여유도 없는 걸까요?

뭔가 불공평하다고 느끼는 건 저 뿐인가요?

세상아 차라리 다 망해라

김.대.리
2016년 7월 5일 · 서울 · 🕐 · ▼

왜죠…?
왜입니까…?
—
알람을 못 들은건지 듣고도 끈건지요…?
기억이 안 나요…
이번주 두 번째 지각 왔더…??? ㅠㅠ

#김대리일기

👍❤️😆😮😊😎😭😠   댓글 10개

👍 Like   💬 Comment   ➜ Share

 | Write a comment...   📷 ☺

↳ ㅋㅋㅋㅋ 얼른 출근하자 !

↳ 룸메분이 끄는걸일꺼야 나도 많이 지각함..

↳ 아침엔 모닝커피를 추천합니다.

↳ 수습 끝났으니까…

↳ 저도 오늘 간만에 알람 켜놨는데, 잠결에 껐나
   봅니다. 덕택에 예상시간보다 조금 늦게 시작. -
   지각 이런 것 없습니다. ^^

↳ 내일 세 번째 지각!

제가 죽을 죄를 지었습니다

어느날 눈 떠보니 알람이 울리지 않고 있었습니다. 전날 과음이 문제였던 걸까요, 피로가 쌓였던 걸까요. 알람소리를 못들었습니다. 언제 꺼버린건지도 모르겠습니다. 귀신이 곡할 노릇처럼 죽어있는 알람... "큰일났다" 소리를 질렀습니다.

불행히도 '1분' 늦었습니다. 건물 입구에서 지문을 찍으니 빼박 발뺌할 수도 없는 시스템입니다. 사무실 문을 열고 들어가자 팀장이 있는 맨 뒤에서부터 분위기가 가라앉는게 느껴집니다.

예상은 적중했습니다. 30분 뒤 호출당했습니다.

"OO씨, 관리부장님한테로 가봐."

지각자는 회사 실세한테 불려간다는 이야기는 들었지만 실제로 있는 일인지 몰랐습니다. 부장님실에 갔더니 엄중한 얼굴로 지각 사유를 묻습니다.

알람소리를 못 들었다는 (하찮은) 이야기를 세상에서 가장 심각한 표정으로 전해야 했습니다. 큰 잘못을 저지른 것 마냥 머리를 조아려야 했습니다. 반성하고 있다는 마음에 없는 말들을 해야했습니다. 그러지 않으면 이 시간이 길어질 것 같은 예감 때문입니다.

제가 꾸중을 듣고 돌아오자 팀장이 팀원들 전부
들으라며 좀 큰 목소리로 그럽니다.

"30분씩 일찍 출근해서 일할 준비하는 버릇을 들이라고.
9시 다 돼서 맞춰서 오지 말고. 개인 이미지, 팀 이미지 나빠진다고."

이미지 제고의 법칙

김·대·리
2016년 7월 5일 · 서울 · 🕐 · ♥

왜죠…?
왜입니까…?
–
30분 일찍 출근하는 건 이미지 제고가
되는 거고

30분 늦게 퇴근하는 건 이미지 제고에
왜 도움이 되지 않는 거죠…?

당연하지 않은 게 당연한 게 세상엔
너무 많아……

#김대리일기

😀😊😅😂😆😊😍😘 댓글 9개

👍 Like   💬 Comment   ➤ Share

 📷 😊   Write a comment...

ㄴ 아 말만 들어도 피곤하다.

ㄴ 출근 시간은 있지만, 퇴근 시간은 원래
없는 거죠 등등

ㄴ 출근시간은 안 지키면 욕먹고 퇴근시간은
지키면 욕먹는게 우리네 삶이지.

ㄴ 이미지 제고는 전날(?) 새벽까지 술
이빠이 먹고 아침 일찍 출근하는거!

ㄴ 새마을운동 얼리버드신드롬 이딴거 다
구닥다리 유물인데 ㅠ

ㄴ 퇴근시간도 지켜지는 문화가 빨리 정착되었으면

ㄴ 칼퇴라는 단어 자체도 모순이 있어 퇴근시간에
퇴근하는게 맞는건데 언제부턴가 칼퇴라는
용어가.

새벽 당직은 아무도 알아주지 않는다

김.대.리

2016년 7월 5일 · 서울 · 🕐 · ▼

왜죠…?
왜입니까…?
—

뽑아준다는 새 직원은 도대체 언제 와요…?

공고는 왜 안 올려요…?
4주마다였던 게 3주마다 한 번씩
1시간 일찍 출근이 됐잖아요…
이게 얼마나 힘든지 모르시겠죠…
님들은 안 겪어봤으니…

#김대리일기

👍😮😢😍🤣😆😭   댓글 12개

👍 Like   💬 Comment   ➤ Share

 Write a comment...   📷 🙂

↳ 프로젝트 이동하고 출근은 1시간 빨라졌는데
  근은 같은 시간…

↳ 1분 지각도 지각이고 1분 야근도 야근입니다!!!

↳ 1분 지각은 귀신같이 챙김 가서 빌어야 함

↳ 사람 좀 뽑지 진짜 뭐하는 겨여 ㅡㅡ
  너무하다

↳ 그렇지… 사람 나가도 잘 안 뽑아
  주는게 현실

↳ 나도 새 직원 좀 봤으면 ㅎ

↳ 난 2명이 있다가 혼자가 됐었는데
  새 일까지 덥석덥석 주시네 이럼 내가
  이겼는가~ ?? ㅠㅠ

↳ 제가 갈까요? ㅎㅎ

@145

이른 출근이 억울하다

김.대.리
2016년 7월 5일 · 서울 · 🕐 · ▼

왜죠…?
왜입니까…?
ㅡ

아침 일찍 출근은 추가 수당을 주지 않는
이유는요..?
저녁 6-8시 근무에 수당을 쳐주지 않는
이유와 같겠지만요

#김대리일기

👍😍😢😊😎😱😡😫   댓글 7개

👍 Like 💬 Comment ➜ Share

[Write a comment...]   📷 ☺

ㄴ 우리 회사는 있긴 함…

ㄴ 왜죠

ㄴ 왜입니까?

ㄴ 왜죠오오오오오오오오???

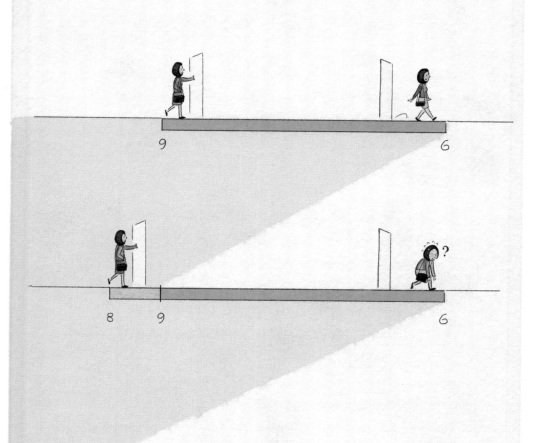

저는 애사심이 없고 불성실합니다

1분 늦은거야 규정을 어긴 거니까 변명할 여지도 없고, 잘못했다 사과할 수 있다고 칩시다.

빈정상하는 건 이런 겁니다. 출근 시간은 회사가 칼 같이 지키는데, 퇴근 시간은 왜 칼 같이 지키지 못하게 하는 거냐 말입니다. 9시부터 오후 6시까지가 규정된 근무시간이라고 치면, 9시도 칼 같이 지키고 6시도 똑같이 무조건이어야 정상 아닌가요? 왜 아무도 이 현상에 대해 문제를 제기하지 않은 채 회사를 다니는 지 도무지 이해할 수 없었습니다.

어느날 일이 있어 옆팀 사무실에 갔는데 기이한 현상을 발견했습니다. 저녁 6시가 넘었는데 아무도 자리를 비우지 않고 마치 업무 집중시간처럼 앉아있는 겁니다. 화장실에서 마주친 그 팀 사원에게 물어봤습니다.

"그 팀은 다들 굉장히 바쁘신가 봐요? 6시 넘어도 아무도 퇴근을 안 하시던데..."
"그게 아니라, 팀장님이 윗분들 눈치 좀 보라면서. 6시 이후에 바로 퇴근하지 말고 30분 이상은 앉아있으라고 해서요..."

기가 차고 코가 찬다는 게 이런 건가 봅니다.

6시에 정시 퇴근을 하면 '일을 못하는' '불성실한' '애사심이 없는' 직원이라는 인식이 깔려있는 겁니다. 윗분들한테 '일 열심히 한다'는 이미지를 심어주기 위해, 팀장이 자진해서 팀원들이 일찍 퇴근하지 못하도록 단속했다는 겁니다.

한 날은 인사팀 대리님께 짬을 내 물어봤습니다.

"대리님, 근무시간 체크하는 시스템이 이상해요. 저녁 6시부터 8시까지는 야근수당에 포함 안 되고, 8시부터 근무하는 건 포함되는 건 왜에요?"

대답이 돌아왔습니다.

"김대리 생각해봐. 6시부터 저녁 밥 먹고 양치질 하고 뭐 하면 한 시간 후딱 지나가지? 8시까지는 제대로 일을 하지 않을 가능성이 높은 거지. 저녁 8시 넘어가면 6시부터 야근했다고 치고 야근수당 쳐주는 거고. 이건 공무원 조직하고 시스템이 같은 거야. 우리만 그런건 아냐~"

그럼 말입니다, 저녁을 먹지 않고 6시부터 두 시간 쭉 일했다는 증거가 있으면 야근수당으로 쳐주는 걸까요? 질문해보니 그것도 아니랍니다.

이렇게 시스템을 만들어버리면 결정적인 문제가 발생합니다. 어차피 8시를 넘겨야 하니, 6시부터 아주 느슨하게 업무를 처리하거나 일을 아예 하지 않는 등 비효율이 발생하는 겁니다. 결국 야근은 길어질 대로 길어지고야 맙니다. 늦게부터 업무처리하기 시작하면 밤 10시는 그냥 넘고, 심지어 자정을 넘어 일을 마칠 때도 있습니다. 악순환입니다.

기계편@

기계는 사람이
못 되는데
사람은 기계가 되네

당신이 직장에 취직하면 단짝이 될 기기들을 소개해드리겠습니다. 친해지기 싫어도 '강제로' 친해질 수 밖에 없는 기계들입니다. 이 녀석들과 대화를 나눌 정도가 되면 사무실 풍경에 썩 어울려간다는 뜻입니다. 친해지는 것을 넘어 내가 기곈지, 기계가 나인지 모를 정도가 되면 사무실에 완벽히 흡수됐다고 해도 과언이 아닙니다.

복사기를 부여잡고 피눈물

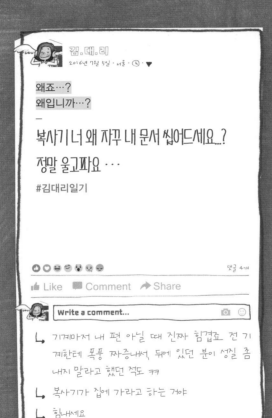

김.대.리
2016년 7월 5일 · 서울 · 🕐 · ▼

왜죠…?
왜입니까…?
—
복사기 너 왜 자꾸 내 문서 씹어드세요…?
정말 울고파요 …

#김대리일기

😮😍😆😎😚😢😠   댓글 4개

👍 Like   💬 Comment   ➤ Share

✏️ Write a comment...   📷 ☺️

⌐ 기계마저 내 편 아닐 때 진짜 힘겹죠 전 기
　계한테 폭풍 짜증내서, 뒤에 있던 분이 성질 좀
　내지 말라고 했던 적도 ㅋㅋ

⌐ 복사기가 집에 가라고 하는 거야

⌐ 힘내세요

No jam, No stress

어릴 적 '노 잼-노 스트레스'라는 카피의 복사용지 광고가 나왔을 때 입에 착착 달라붙는다고만 생각했습니다. 그리고 직장인이 된 후에야 그 카피에 거룩하고 거대한 의미가 담겨져 있다는 것을 깨달았습니다.

평범한(?) 직장생활을 시작할 여러분 명심하세요. 업무의 시작과 끝은 복사기에서 비롯된다고 해도 과언이 아닙니다. 이 녀석이 이상작동하면 답도 없습니다. 꼭 촌각을 다툴 때 녀석은 문제를 일으킵니다. 빨리 복사해서 상사에게 갖다바쳐야 하는 데 마침 문제가 생기는 식입니다. 잘 나오고 있다고 생각하고 복사기로 뛰어 갔는데 '흰 종이'라 쓰고 '하얀 똥덩어리'라고 읽는 그 녀석이 마구 배출되고 있는 걸 봤을 때 드는 기분은 하아.. 분노 그 이상입니다.

인쇄 시도를 무한반복해야 할 때는 어떻구요? 뒷목잡고 쓰러질 것 같습니다.

특히 무지막지하게 많은 양을 한꺼번에 복사할 때 문제가 생기면 그야말로 노답. 양 자체가 많기 때문에 멈춘 부분부터 이어서 복사하기 위해 해당 지점을 찾는 게, 처음부터 다시 복사하는 것보다 느립니다. 그렇습니다. 종이 셀 시간이 없어서 대형 쓰레기를 만들어내는 겁니다. 종이를 심하게 낭비한 날이면 나무에게 참 미안해집니다.

많은 양을 한꺼번에 복사할 때, 복사기가 자기 맘대로
어떤 부분을 빼먹고 복사를 할 때도 있습니다. 정말 신기합니다.
시키는대로 착착 해낸다 해서 기계 아닌가요? 누굴 놀리는
지능이라도 탑재한건지 궁금할 따름입니다.

복사기 희노애락

 김。대。리
2016년 7월 5일 · 서울 · 🕐 ▾

왜죠…?
왜입니까…?
—

복사기 따위한테 감정이입되는 이유는 무엇입니까?

업무의 절반은 복사기에서부터 시작된다는 사실, 왜 아무도 가르쳐 주지 않으셨어요?

복사하라고 엄마 등골 빼먹으면서 대학 나오진 않았을텐데. 이것도 제대로 못하니 진짜 진짜 등신 같잖아요.

희노애락 그거 별거 아니더라구요. 취직해서 복사하면 다 알게 되는건데 뭐. 그나저나 복사기 앞에 거울 달아놓으신 이름 모를 당신, 최소 천재.

#김대리일기기

😀😊😁😆😍😝😅😂 댓글 8개

👍 Like 💬 Comment ➤ Share

 📷 😊 **Write a comment...**

↳ 특히 부장 이상 어르신들이 자료 보여달라 그래서 급하게 뽑을 때… 엉키면 내 인생이 엉키는 느낌

↳ 잘 나오고 있다고 생각하고 기다렸는데, 이상하게 오래 걸려서 가보니 하얀 똥땡이라가 무지막지하게 나오고 있어ㅠㅠㅠㅠㅠ

↳ 난 지옥갈거야…

↳ 근데 그건 있어 컴퓨터에선 잘 안 보이는데 뽑아서 보면 오타가 눈꼽만큼 더 잘 보임

↳ 복사기에 깊이 끼인 종이를 탈 없이 빼낼 정도가 되면 승진할 때가 된거죠

나는 복사기와 닮았다

복사기 앞에는 상반신이 비치는 거울이 달려있습니다. 언제부터 거기 있었는지도 모를 만큼 오래된 거울입니다. 한참 복사를 하다가 문득 거울에 비친 제 얼굴을 봤는데 그렇게 찌질할 수가 없습니다. 참 못생기고, 멋이라곤 하나도 없어보입니다.

다시 복사기를 내려다보니 손때도 많이 묻고 회색인지 뭔지 모를 멋대가리 없는 칙칙한 색깔입니다. 그러고 보니 종이 찍어낼 때 끼익끼익 소리를 내는 것도 비호감. "나처럼 팍삭 삭았네" 싶은데, 사원이가 그럽니다. "다른 사무실 복사기보단 오래됐지만, 보기와는 다르게 들어온 지 몇 년 되지 않았다"라고요. 들어온 지 얼마 안됐는데 삭은 거, 그마저도 저랑 비슷하네요.

이 사무실 선배격인 옆자리 사원이는 복사기를 어떻게 그렇게 잘 아는지 용지가 걸리면 척척박사님처럼 내부를 열고, 처참하게 구겨져 껴버린 그것을 쏙 꺼냅니다. 그러곤 다시 복사기가 잘 돌아가는 것을 확인하곤 씩- 웃는 것도 잊지 않습니다. "저 정돈 돼야 직장인이라고 할 수 있겠구나" 싶습니다만 그 날이 오길 바라지는 않는 마음이 드는 건 왜 일까요?

내친구^2 - 문서세단기

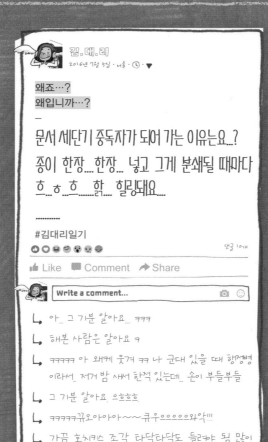

김.대.리
2016년 7월 5일 · 서울 · 🕐 · ♥

왜죠…?
왜입니까…?
—

문서 세단기 중독자가 되어 가는 이유는요..?
종이 한장….한장… 넣고 그게 분쇄될 때마다
ㅎ.ㅎ..ㅎ....할.... 힐링돼요....

....

#김대리일기
😀😡😂😭😱😷😠   댓글 10개

👍 Like   💬 Comment   ➤ Share

Write a comment...   📷 😊

↳ 아.. 그 기분 알아요… ㅋㅋㅋ

↳ 해본 사람은 알아요 ㅋ

↳ ㅋㅋㅋㅋㅋ 아 왜케 웃겨 ㅋㅋ 나 군대 있을 때 행정병
  이라서 저거 밤 새서 한적 있는데.. 손이 부들부들

↳ 그 기분 알아요. 으흐흐흐.

↳ ㅋㅋㅋㅋㅋ큐오아아아~~큐우ㅇㅇㅇㅇㅇ와악!!!

↳ 가끔 호치키스 조각 타닥타닥도 들려야 됨 많이
  넣어서 역회전 팍 찼다면 밑에 열어서 눌러줘야 함.

내 마음도 분쇄해줘

복사기만큼 자주 쓰이진 않지만 자꾸만 신경쓰이고 중독되는 녀석이 있습니다. 바로 문서를 갈기갈기 조각내놓는 '문서파쇄기'입니다. 종이를 집어넣으면 자동으로 인식하고 '파사사사사사사!!' 소리를 내며 작동합니다. 어떤 사람은 그 소리를 "뀨오아아아악~~큐우으으으으으와악"으로 표현하대요.

보통 개인정보를 담고 있거나, 이면지로 활용하기 곤란한 내용일 때 파쇄기에 넣습니다..만 이게 참 중독됩니다. 한 장... 두 장... 넣는 데 맛들리고, 언제부턴가 스트레스 받을 때면 종이 한 뭉치를 가지고 가서 파쇄기에 넣기도 했습니다.

일할 때 참 의미없게 느껴지는 문서 작업을 많이 하게 되는 데요, 어떨 땐 다 던져버리고 싶을 수준의 반복-수정 작업도 있습니다. 띄어쓰기 두 번 안 넣었다는 이유로, 상사가 좋아하는 단어로 채우지 않았다는 이유로 문서를 무한 수정하게 되고, 종이를 낭비하게 될 때 말입니다. A4용지, 니가 뭔 죄냐 싶은데요, 그래... 죄 없이 사라질거면 차라리 분골쇄신해 내 힐링아이템이라도 되라 싶습니다. 오늘도 파쇄기에서 오케스트라가 울려퍼집니다. "뀨오아아아악~~큐우으으으으으와악"

내친구³ - 컴퓨터

김○대○리
2016년 7월 5일 · 서울 · 🕐 · ▼

왜죠…?
왜입니까…?
—

엑셀 앞에서는 초딩된 기분 왜죠

숫자, 간절히 세고 싶습니다!! 싶싶!!

#김대리일기

👍😆😄😵😭😱😡 댓글 24개

👍 Like   💬 Comment   ➤ Share

 | Write a comment...

↳ 엑셀 까도 까도 언제나 새로운 녀석이죠 양파
  처럼 계속 뭐가 나와요ㅠㅠ

↳ 백배동감 엑셀 앞에만 서면 한없이 작아지는 나ㅠㅠ

↳ 처음에 엑셀 파일 열면 긴장했어요_ ㅎㅎㅎ 하지
  만 지금도 버전 달라지면 뻐벅 ㅠㅠ

↳ 엑셀 모르면 넘나 어려운 것 ㅋㅋㅋ

↳ 엑셀 파워포인트 심지어 워드 앞에서는 순한 양이 되죠_ ^^

↳ 김대리''' 엑셀도 못하다니 주판부터 시작하시게'''

↳ 제 생각에는 sum, if, count, rank 함수만 인터
  넷에서 찾아보고 개념만 이해해보시면 그나마 엑
  셀이랑 좀 친해지실 수 있을거라 생각됩니다

@161

엑셀지옥.SUM

컴퓨터가 들어오기 전 우리의 삶은 어땠을까요? 종이와 펜으로 일했겠죠? 그 시절엔 적어도 거북목증후군이나 손목터널증후군은 없었을 게 분명합니다.

한글이나 워드에 문서작업은 그럭저럭 하겠는데 말입니다. 엑셀은 넘을 수 없는 사차원의 벽, 줄여서 '넘사벽' 같습니다. 빽빽한 선 안에 글이나 숫자를 넣어야 해서 첫인상부터 참 딱딱해 보입니다. 그런데 이게 참 똑똑한 프로그램이라 들었습니다. 수식을 잘 넣기만 하면 정렬이나 계산도 사람 대신 뚝딱 해줍니다. 직장인으로 살기 위해 반드시 필요한 스킬이 엑셀같습니다.

어느날 제가 엑셀에 수백 개의 이름을 일일이 쳐 넣고 있을 때였습니다. 아마 이런 생각을 했던 것 같습니다.

"이런 단순작업할거라고 대학도 나오고, 취업해서 월급도 받아가는구나!"

잠시 후...

"아 맞다, 내 월급은 쥐꼬리였지···"

머리를 쥐어뜯고 있는데 제 옆자리 정사원, 그가 잘생김과 멋짐을 가득 묻히고 나타났습니다.

"대리님, 이건 직접 쳐서 넣으셔도 되지만... 사내 데이터를 가져다 붙여주면 한 번에 해결됩니다."

뚝딱뚝딱 엑셀에 뭔 기호를 넣더니, 1분 만에 수백 개의 명단이 엑셀에 예쁘게 들어와 삭- 나타나는 기적을 보았습니다.

"우와... 무슨 마법을 부린거에요?? 정말 대단하네요! 이런 게 되다니!"

"대리님, 이건 사실 어려운 수준도 아니에요.
우리 회사에 알고 보면 엑셀 신들이 얼마나 많다구요."

대한민국에 이렇게 뛰어난 청년들이 많은데, 왜 야근이 있는지 모르겠습니다. 엑셀은 인간의 소중한 시간을 아껴주는 착한 툴 같은데, 왜 근무시간은 연장인지 말입니다.

이에 대해 한 지인이 몇 줄로 정리해줬습니다.

"제가 처음 회사 들어갔을 때 문서관리가 주요 업무였어요. 도면 수천 장에 대한 로그를 관리하는 거였는데, 그 수천 장에 대한 로그가 엑셀에 다 적혀있었어요. 그 중 새로 업데이트된 열 몇 건, 많으면 백여 건을 하나하나 눈으로 찾으면서 수정하고 있더라고요. 효율을 높이기 위해 엑셀로 빠르게 처리하는 방법을 찾고 있으니까 당시 부장이 몹시 화내더라고요. '쓸데없는 짓 하지 말고 그 시간에 그냥 직접 찾아서 하라'고요. 결국 방법을 찾아내서 빠르게 처리 가능해지니까 어떻게 된 줄 아세요? 결국 나 다 시킴. 없던 일도 더 시킴. 야근. 매우 야근. 야호!!"

엑셀은 야근을 데려오는 무서운 기술인가 봅니다..? 배우면 안 되는 것 아닐까요..???가 아니라

여러분 걱정할 필요가 없어요! 머리 쥐어뜯으면서 배웠는데 1도 머리에 남지 않았아요. 야호!

Part.3

김대리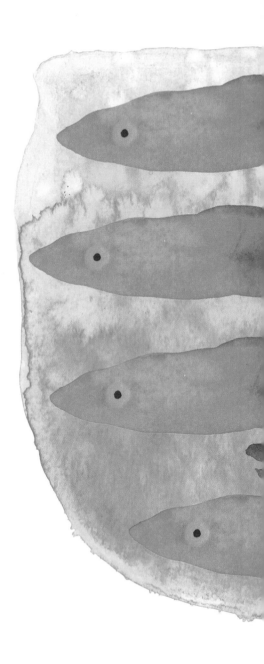

열일중입니다

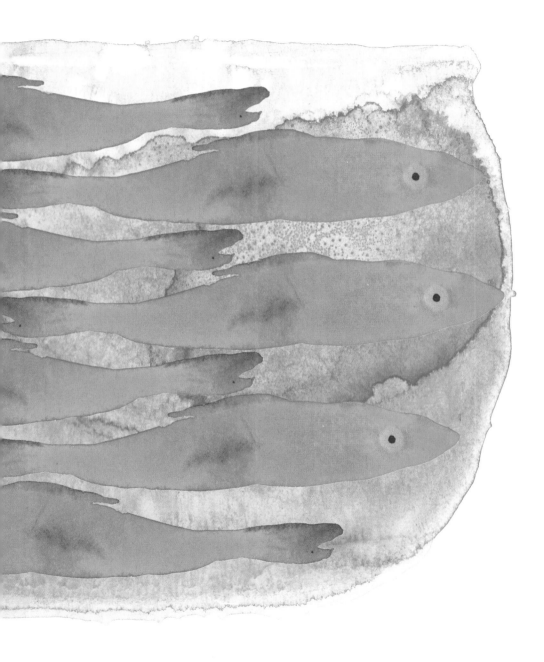

대리편@

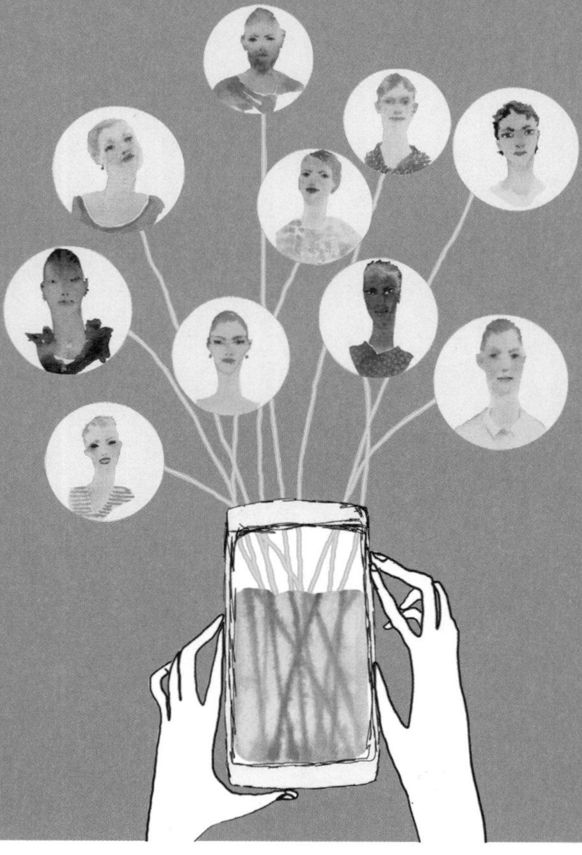

문득 궁금해졌습니다.

회사가 저를 규정하는 단어는 '대리'입니다. 저처럼 일하는 사람을 '대리'라고 부르는 모양입니다. '대리'라는 단어 자체가 띠는 의미를 생각해봤습니다. 그러고 보니 무엇을 대리한다는 건, 무엇의 대리라는 처지는 어쩐지 어감이 부정적으로 느껴집니다. 주체자가 아니라 어디까지나 대리자라는 의미니까요. 그러니까 직장에서 '대리' 하면 누군가의 대리로 일을 한다는 걸까요?

포털사이트에 '대리' 두 글자를 입력해 보았습니다.

대리_
남을 대신하여 일을 처리함. 또는 그런 사람

왜 슬픈 예감은 틀린 적이 없는 건가요. 클릭해서 자세히 더 알아봐야겠습니다.

대리_
은행이나 회사 따위의 집단에서 부장, 지점장, 과장 등의 직무를 대신하는 직위. 또는 그 직위에 있는 사람. 흔히 유사시 과장의 직무를 대신할 수 있는 과장 바로 아래의 고정된 직위를 이르기도 한다.

이 사무실엔 과장이 없으니 전 바로 위 상사인 팀장의 '대리'입니다. 팀장의 직무를 '대신한다고' 쓰고, '몰아서 받는다'라고 읽으면 되나봅니다. 회사의 사용자가 그런 용도로 쓰라고 지정해 준 사람이 저인가 봅니다. 내 이름을 건 주체적인 사람이 아닌, 누군가의 '대리'여서 대리.

대리하다보니 365!

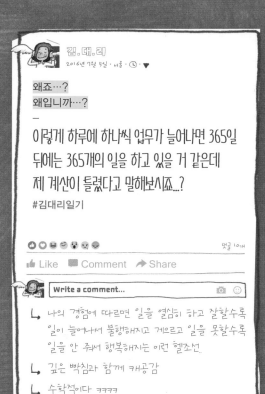

김·대·리
2016년 7월 5일 · 서울 · 🕐 · ▼

왜죠…?
왜입니까…?

—

이렇게 하루에 하나씩 업무가 늘어나면 365일
뒤에는 365개의 일을 하고 있을 거 같은데
제 계산이 틀렸다고 말해보시죠…?

#김대리일기

👍😆😤😍😮😰😭😋   댓글 10개

👍 Like   💬 Comment   ➤ Share

Write a comment...   📷 ☺

↳ 나의 경험에 따르면 일을 열심히 하고 잘할수록
  일이 늘어나서 불행해지고 게으르고 일을 못할수록
  일을 안 줘서 행복해지는 이런 헬조선..

↳ 깊은 빡침과 함께 캐공감

↳ 수학적이다 ㅋㅋㅋㅋ

대리니까 총책임자

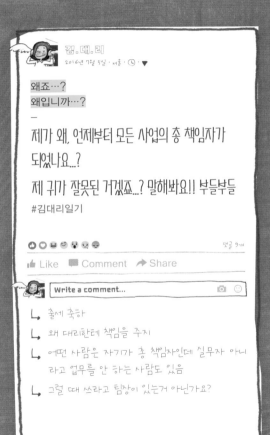

김○대○리
2016년 7월 5일 · 서울 · 🕐 · ▼

왜죠…?
왜입니까…?

―

제가 왜, 언제부터 모든 사업의 총 책임자가
되었나요…?

제 귀가 잘못된 거겠죠…? 말해봐요!! 부들부들

#김대리일기

👍😮😆😭😡😮😊😂   댓글 8개

👍 Like   💬 Comment   ➡ Share

┗ 출세 축하

┗ 왜 대리한테 책임을 주지

┗ 어떤 사람은 자기가 총 책임자인데 실무자 아니
라고 업무를 안 하는 사람도 있음

┗ 그럴 때 쓰라고 팀장이 있는거 아닌가요?

대리니까 눈치킹

김.대.리
2016년 7월 5일 · 서울 · 🕐 · ▼

<u>왜죠…?</u>
<u>왜입니까…?</u>
—

실수 하나 했는데 상사님한테 좋은 미끼를
하나 던져준 것만 같은 느낌적인 느낌은요.. 흑흑

오늘 제 저녁이 있는 삶은 포기하겠습니다.
#김대리일기

👍❤️😆😍😮😢😡😊   댓글 6개

👍 Like   💬 Comment   ➤ Share

 Write a comment...   📷 ☺

↳ 낚시를 좋아하는 일인으로서.. 바다에 빠하면 미끼
  는 티도 안나죠~ 인생의 바다에서 그깟 미끼는
  별거 아니죠. 더 큰 것을 낚기 위해서 더 좋은 미
  끼를 던져보세요~~그래도 안 낚이더이다~허허
  허~~

↳ 저녁을 쟁취합시다! 투쟁!

↳ 저녁 메뉴는 포기하지 맙시다.

대리니까 일쪽탄

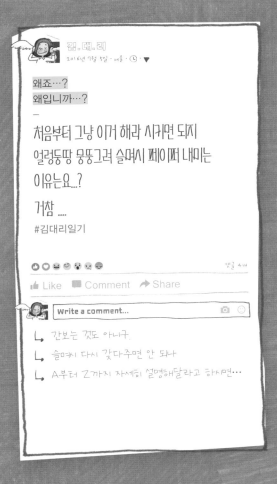

김.대.리
2016년 7월 5일 · 서울 · 🕒 · ▼

왜죠…?
왜입니까…?
─

처음부터 그냥 이거 해라 시키면 되지
얼렁뚱땅 뭉뚱그려 슬며시 페이퍼 내미는
이유는요…?

거참 ....

#김대리일기

👍😊😆😮😢😡 댓글 4개

👍 Like   💬 Comment   ➤ Share

┌───┐
│ Write a comment...   📷 ◯ │
└───┘

└ 간보는 것도 아니구

└ 슬며시 다시 갖다주면 안 되나

└ A부터 Z까지 자세히 설명해달라고 하시면…

@173

대리니까 무쓸모

김.대.리
2016년 7월 5일 · 서울 · 🕐 · ▾

왜죠…?
왜입니까…?
—
바쁘다고 자기 업무 나한테 떠맡겨서
야근 불사하고 실컷 만들어서 줬더니
자기가 다시 다 하는 이유는요…?
그럼 첨부터 상사님이 하셨으면 됐....

#김대리일기

👍❤️😆😮😢😡😎😶   댓글 10개

👍 Like   💬 Comment   ➤ Share

Write a comment...   📷 😊

↳ 상사님의 취향 분석이 필요합니다; 진지빨자면, 선호하는 문서 형태나 기획안, 폼 등등등을 고려하시면.. 스트레스가 줄지 않을까 싶습니다.

↳ 꼭 짚어주거나!! 아오!! 아님 앞으로 다시는 그 일 안 시키게 베러버리려 ㅋㅋㅋㅋ

↳ 김대리 시리즈의 마지막 회의 반전은 알고 보니 상사는 없었음. 자신 자아와의 싸움. 헐~

↳ 야근 반댈세 등 집에 일찍 일찍 가용 등

↳ 김대리 시리즈의 마지막 회 반전.. 알고 보니 김대리는 구직을 간절히 원하고 있는 백수였고, 이 모든 일들은 상상 속의 일이었다 가 더 재밌지 않을까요? 진짜 그런 것 같기도 하구요^^*

↳ 초안 잡는게 제일 어려워서요. 있는 거로는 잘 하는데, 처음 만드는 걸 못하는???

↳ 우라까이 vs. 맨 처음부터 새로 쓰기..

↳ 상사의 권리죠 ㅋㅋㅋ

대리가 셋이면 지구도 들어?

대리로 살기 위해, 대리라는 꼬리표를 좋아하기 위해 '대리'를 좀 더 연구했습니다. 그러다 어느 잡지를 보다가 이런 글을 발견했습니다.

"대리는 회사의 주인공이다. (중략) 이 연차의 직장인들이 최전선에서 회사를 이끄는 실질적인 주역이기 때문이다. 실무에 물이 오른 에이스가 대리다. 이들이 회사에서 주인공일 수 밖에 없는 건, 관리자들급에겐 시들해진 열정과 패기, 도전 정신이 불타오르는 동시에, 신입에게선 찾아볼 수 없는 노련함과 냉정한 판단력이 있기 때문이다."

…. 아무리 봐도 일을 정말×100000 많이 하는 사람이라고밖에 안 읽힙니다. 누가 그러데요,

"대리가 셋이면 지구도 들어"

기어코 대리 셋을 모아서 지구를 들만큼 일을 미친듯이 시키겠다 이런 말인건가.

휴, 저는 부정덩어리입니다. 그런 의미로 저는 안될 것 같아요. 저는 그렇게 사용되기 위해 이름 붙여진 '대리'였던 것이라는 결론을 내렸습니다.

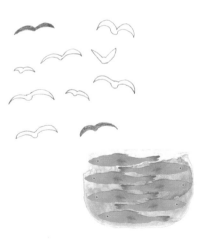

#김대리일기
대리편-댓글

다음 스토리 펀딩

Links

닉네임 **미스터파○○** 1

   ㄴ 대리가 썩으면 지구를 들지만
      신입 두 명이면 우주를 뒤엎습니다 !

닉네임 **론○○** 4

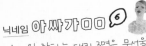

   ㄴ 만족하며 살고 싶으면 하고 싶은 일을 할 수 있는
용기만 있으면 됩니다. 지금 말씀하시는 그 '대리'도 되고 싶어도
못 되서 아등바등거리는 '그냥' 사원들이 무궁무진하거든요.
그리고 행여 그런 대리 위치에서 승진이 되어 팀장이 되면요??
뭐가 달라질까요?? 그 위치도 그만큼의 고충이
있을겁니다. 마냥 무능력한 상사라고 뒤에서 까지 말아요.
우리 모두 밑에 직원한텐 무능력한 상사입니다.

닉네임 **아싸가○○** 6

   ㄴ 일 잘하는 대리 3명은 무서울 게 없죠. 팀장 입장에선..
      세상의 모든 대리님들 힘내세요. 지금 힘든 게 나중에 밑거름이 됩니다..

닉네임 **ZZ0Z○○**

   ㄴ 폭풍공감..ㅜㅜ

닉네임 **딸이○○** 2

   ㄴ 이런 글을 읽고 취직도 하지 않은
      사회 새내기들이 비판적 선입견만 갖게
      되지는 않을지 걱정입니다.
      내 세상 나의 길은 있습니다.
      새내기 어린친구들 모두 화이팅입니다.

닉네임 **크○○** 3

   ㄴ 여러 팀장, 사장 밑에 있어봤는데
      사람마다 다 달라요. 좋은 사람 만나길..
      회사도 복불복.. 행운을 빕니다.

닉네임 **술○○** 5

   ㄴ 제가 공감하는 것은 2~3명의 사원들이
      함께 진행해야 할 일을 혼자하는 것 같은
      업무의 무게감을 느낀다는 것이죠.

ㄴ 대리가 그런 뜻이었구나... 몰랐어...
아니, 관심이 없었다. 글을 보고나니 뭔가
저 멀리서 오는 갑갑함이 어느 정도
해소가 된 듯!!! 잘 보고 갑니당!
화이팅! +_+

닉네임 **ㅌOO** 8

ㄴ "이런 일"이라고 하기 전에, "일에 얼마나 책임"을
질 수 있는지, 본인 뒷심을 생각해보세요.
사실 대리님들과 경력 3년 미만으로 많은 화사에
다닌 분들이라도, 최소 한 직장에서 5년 이상,
그 화사가 어떻게 돈을 벌어 먹고 사는지, 얼마나
힘들게 돈을 버는지, 겪은 다음에 이런 불만을 말하세요.
본인이 그런 구조에서 무얼 기여할 수 있는지
생각하는 게 우선입니다.
반대로 님이 사장이 된다고 해보세요.
자신은 그렇게 안 그럴 자신이 있는지도
생각해보시고요.

닉네임 **prizz|OO** 9

ㄴ 파이팅!!! 이란 말을 해드리고 싶네요.
유독 우리나라에서만 졸업식 등 사진기만
앞에 있으면 다같이 외치곤하죠.
하지만 파이팅은 싸우자는 의미가
강합니다. 싸우자!! 하면서 사진을
찍는거죠. 작가님도 작장과, 세상과 파이팅!!
해서 이겨내시길 바랍니다. 이기고 나서
바꾸는게 빠릅니다.

닉네임 **마찡가OO** 10

ㄴ 조직 내 커뮤니케이션은 그 무엇보다 중요하다고 생각합니다.
말과 글이 그 수단의 전부인데 그것을 말로만 한다는 건 있을 수 없겠지요.
대개의 상황은 말로 하면 무슨 일인지조차 1:1 대화도 잘 안 되는
경우가 많습니다. 복잡하지요. 줄 바꾸기와 쉼표 등이 글의 의미를
바꾸는 경우도 많습니다. 결국 문서로 작성하고 말로 설명과 보고를
(프리젠테이션) 해야 되는 경우가 다반사입니다. 내가 부하직원이라면
'상사는 어떤 걸 알고 싶어할까?'를 항상 생각하며 문서를 만들어야겠지요.
그래야 보고받는 상사가 정확한 판단을 할 수 있을테니까요.

회의가 소집됐습니다. 그 전에 사원들에게

"벙어리처럼 있지 말고 새로운 의견을 내라"고 으름장 놓고 시작한 회의입니다.

그동안 나름 업무파악을 한 터라 할 말이 없진 않았습니다. 이것저것 아이디어가 샘솟았습니다. 네, 그렇습니다. 벙어리 3개월, 장님 3개월 해야 한다는 주변의 충고를 잊고 말았습니다. 열정적인 신입사원 코스프레를 하며 이런저런 아이디어를 내고, 여러 개선 의견도 냈습니다.

팀장이 말했습니다.

"의견 좋네. 그럼 김대리가 의견 낸 그 부분 추진하고, 진행사항 알려주세요."

"음, 네..?"

"회의 마치자고.
휴가다 뭐다 해서 마감 일정 빠듯하니 각자 업무들 빨리빨리 진행하자."

의견내면 전부 내 업무

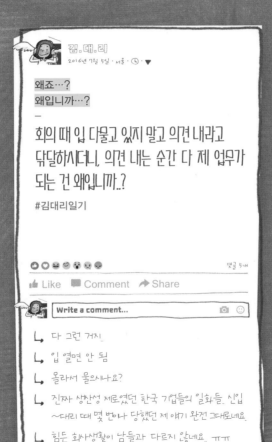

김。대。리
2016년 7월 5일 · 서울 · 🕐 · ▼

왜죠…?
왜입니까…?

–

회의 때 입 다물고 있지 말고 의견 내라고
닦달하시더니, 의견 내는 순간 다 제 업무가
되는 건 왜입니까..?

#김대리일기

👍😆😮😢😡🐱😢😊   댓글 5개

👍 Like   💬 Comment   ➜ Share

[프로필] Write a comment...   📷 ☺

ㄴ 다 그런 거지.

ㄴ 입 열면 안 됨

ㄴ 몰라서 물으시나요?

ㄴ 진짜 생산성 제로였던 한국 기업들의 일화들. 신입
   ~대리 때 몇 번이나 당했던 제 얘기 완전 그대로네요.

ㄴ 힘든 회사생활이 남들과 다르지 않네요. ㅠㅠ

물고
뜯고
맛보고

오늘도 상사가 회의를 소집하셨습니다. 입사하기 전까진 몰랐습니다. 회의가
'아랫직원 돌려까기'의 수단이라는 걸요. 회의는 언제나 무겁고, 엄숙하고, 상사는
화를 냅니다. 평소에는 일일이 맘에 안드는 것을 지적하기 어렵지만 회의에서는 가
능한가 봅니다. 시켜놓은 일을 단속하고, 평가하고, 물고 뜯고 맛보는 시간입니다.

오늘의 폭탄

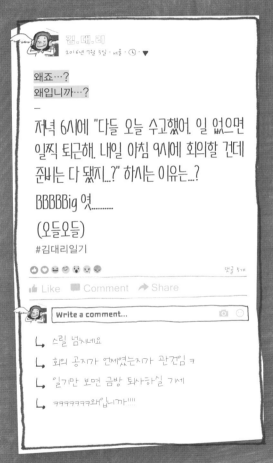

엄마 보고싶다

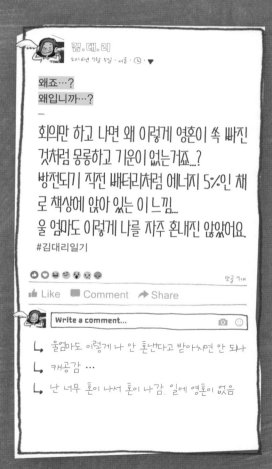

김.대.리
2016년 7월 5일 · 서울 · 🕐 · ▼

왜죠…?
왜입니까…?
—
회의만 하고 나면 왜 이렇게 영혼이 쏙 빠진
것처럼 몽롱하고 기운이 없는거죠…?
방전되기 직전 배터리처럼 에너지 5%인 채
로 책상에 앉아 있는 이 느낌…
울 엄마도 이렇게 나를 자주 혼내진 않았어요.
#김대리일기

👍❤️😆😮😭😡😠   댓글 7개

👍 Like   💬 Comment   ↪ Share

　Write a comment...   📷 ☺

↳ 울엄마도 이렇게 나 안 혼난다고 받아ㅅ면 안 돼ㅏ
↳ 캐공감 …
↳ 난 너무 혼이 나서 혼이 나감. 일에 영혼이 없음

6시간이면 서울서 대전도 다녀와요

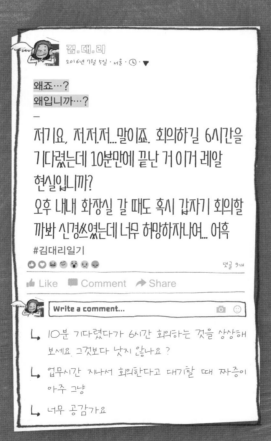

김..대..리
2016년 7월 5일 · 서울 · 🕐 · ▼

왜죠…?
왜입니까…?
—
저기요, 저.저.저...말이죠. 회의하길 6시간을
기다렸는데 10분만에 끝난 거 이거 레알
현실입니까?
오후 내내 화장실 갈 때도 혹시 갑자기 회의할
까봐 신경쓰였는데 너무 허망하자니여.. 어흑
#김대리일기

😊😮😆😊😩😫😭   댓글 9개

👍 Like   💬 Comment   ➤ Share

    Write a comment...   📷 😊

↳ 10분 기다렸다가 6시간 회의하는 것을 상상해
보세요. 그것보다 낫지 않나요?

↳ 업무시간 지나서 회의한다고 대기할 때 짜증이
아주 그냥

↳ 너무 공감가요

暗호편@

상사의 말들은 언제나 이해하기 어렵습니다. 바라는 바를 의미가 명확하지 않은 암호같은 말들로 전달합니다. 간결하고 쉬운 언어로, 말하자면 '돌직구'로 이야기하면 좋을 텐데요. 그럼 암호해석에 드는 시간을 줄여 그 시간에 일을 더 할 수 있을텐데요.

구관이 명관

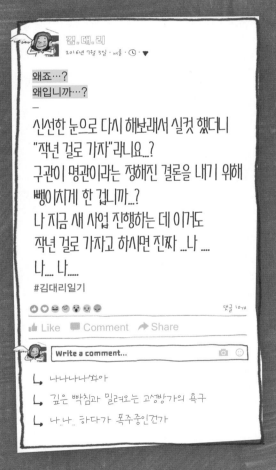

김.대.리
2016년 7월 5일 · 서울 · 🕐 · ▼

왜죠…?
왜입니까…?
-
신선한 눈으로 다시 해보래서 실컷 했더니
"작년 걸로 가자"라니요…?
구관이 명관이라는 정해진 결론을 내기 위해
뺑이치게 한 겁니까…?
나 지금 새 사업 진행하는 데 이거도
작년 걸로 가자고 하시면 진짜 …나 ….
나…. 나……

#김대리일기

😊🤍😆😂😊😨😱😭   댓글 10개

👍 Like   💬 Comment   ➤ Share

Write a comment...   📷 😊

  ↳ 나나나나쌌아

  ↳ 깊은 빡침과 밀려오는 고성방가의 욕구

  ↳ 나.나. 하다가 폭주중인건가

회의 끝에 야근 끝에

오랫동안 같은 방법으로 매년 진행되던 프로젝트가 있어 바꿔보자고 조심스레 건의했습니다. 정말 바꿔야 할 것 같은 구닥다리 같은 거였거든요. 그걸 듣던 팀장이 평소와 태도를 바꿔

"음… 그건 김대리 말이 맞아"라고 했습니다.

간만에 찬성이시군요. 제게 일이 다 떨어질 것을 각오하고 한 제안입니다.

야근도 불사하고 다음날 뚝딱 만들어냈더니 하는 소리,

"작년 걸로 가자"

오래된 회사에는 오랫동안 고수해온 업무방식과 틀이 있습니다. 상사에게도 그것을 바꾸는 것이 과제이지만 모험은 하기 싫은 것 같습니다. 그도 사실, 이 회사에서는 누군가의 부하이기 때문이겠죠? 새로운 걸 추진해보자, 하다가도 결국 돌아오는 답은 "옛날 걸로 가"인거 보면 말입니다. 그의 소심함은 모든 업무에서 드러납니다. 직원을 믿는 법이 없습니다.

차라리 자신이 없다고 말해

김。대。리
2016년 7월 5일 · 서울 · 🕐 · ▼

왜죠…?
왜입니까…?
—

저는 컴퓨터가 아닌데 "틀린 데 없겠지?"
"빠진 데 없겠지?"하시면 쪼구리는 더 쪼구러든
다는 거 왜 모르십니까…?

틀린 데 있고 빠진 데 있을 수 있지요.
그렇게 못 믿으시겠음 상사님께서 하셔도….
될…. 5시 30분에 일 주지 않으셨어야 할….

#김대리일기

👍🥰😮😂😧😱😠😥   댓글 3개

👍 Like   💬 Comment   ➡ Share

───────────────────────────

Write a comment...   📷 😊

　┗ 내 눈엔 안 빠졌는데 니 눈에 빠졌으면 걍 알아서
　　넣고 통보하라 제발ㅠㅠ

　┗ 아 일 늦게 주는거 듣기만 해도 짱남 ㅋㅋㅋㅋㅋㅋ

　┗ 퇴근 30분 늦게 해도 인정해주지도 않는 상사님께서

애인 맘보다 알기 어려워

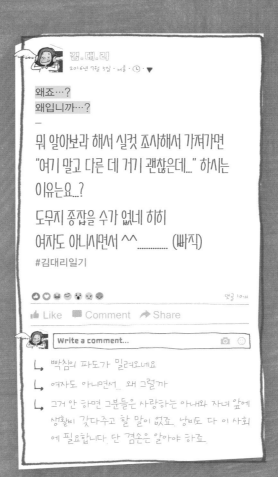

김。대。리
2016년 7월 5일 · 서울 · 🕐 · ▼

왜죠…?
왜입니까…?
―
뭐 알아보라 해서 실컷 조사해서 가져가면
"여기 말고 다른 데 거기 괜찮은데..." 하시는
이유는요..?

도무지 종잡을 수가 없네 히히
여자도 아니시면서 ^^........... (빠직)

#김대리일기

👍💙😮😆😯😢😡   댓글 10개

👍 Like   💬 Comment   ➤ Share

✏ Write a comment...   📷 ☺

↳ 빡침의 파도가 밀려오네요

↳ 여자도 아니면서... 왜 그럴까

↳ 그거 안 하면 그분들은 사랑하는 아내와 자녀 앞에
생활비 갖다주고 할 말이 없죠. 낭비도 다 이 사회
에 필요합니다. 단 겸손은 알아야 하죠.

@195

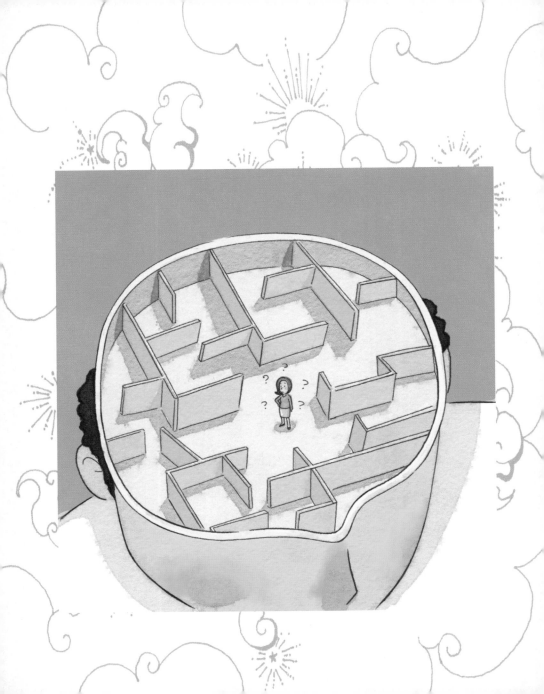

늘 틀렸죠

킴.대.리
2016년 7월 5일 · 서울 · 🕒 · ▼

왜죠…?
왜입니까…?
—
처음부터 닥치고 시키는대로 하라고 하지
않으신 이유는 무엇입니까…?
왜 상사님은 맞고 제가 '틀린' 그런 상황을
만드시는 거죠…?
저는 상사님과 제가 '다른' 것일 뿐이라고
설명했는데 이해를 못하시더군요
"아니아나~"하고 제 말 끊으시면서요.

#김대리일기

👍🥰😊😄😮💀😈😋   댓글 13개

👍 Like   💬 Comment   ➦ Share

| Write a comment... | 📷 😊 |

↳ 당연한 것임 그냥 생략되어 있음. 포기하면 정신적으로 편함. 하지만 한편으론 '송곳'이 현실화됐으면

↳ 다들 "나만 제정신이야?"라고 생각하고 있다 생각하니 소름~~~ ㄷㄷㄷㄷ

↳ 아 이게 바로 그 유명한 김대리 일기였군요!!

↳ 제일 짜증남ㅋㅋㅋ 우리 회사에 "그래, 네가 하는 말 이해해 그런데" 이런 패턴인 사람이 있어서 짜증남 ㅋㅋㅋ

똑바로 이야기 해주세요

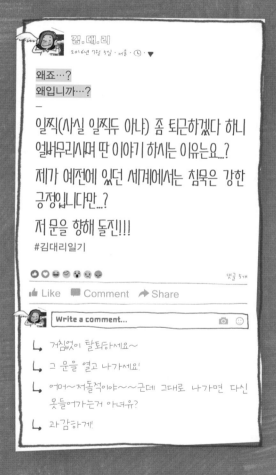

김ː대ː리
2016년 7월 5일 · 서울 · 🕐 · ▼

왜죠…?
왜입니까…?
—

일찍(사실 일찍두 아냐) 좀 퇴근하겠다 하니
얼버무리시며 딴 이야기 하시는 이유는요…?

제가 예전에 있던 세계에서는 침묵은 강한
긍정입니다만…?

저 문을 향해 돌진!!!

#김대리일기

👍😍😂😮😵😢😡   댓글 5개

👍 Like   💬 Comment   ➤ Share

✏️ | Write a comment...   📷 ☺️

┗ 거침없이 탈퇴하세요~

┗ 그 문을 열고 나가세요!

┗ 어머~저돌적이야~~근데 그대로 나가면 다신
   못들어가는거 아녀유?

┗ 과감하게!

솔직하게 말해봐요, 나도 자신없다고

직장을 배경으로 한 드라마를 보면 상사는 사원에게 일을 맡기고, 사원은 그 일을 처리하면서 성장하게 됩니다. 가끔은 사원이 한 일이 회사를 뒤흔들만한 큰 프로젝트가 되기도 하지만 대부분은 시련으로만 끝나곤 합니다. 그래도 사원은 그 과정 속에서 하나 더 배우죠. '자기 일'이라는 주인의식이 깊기에 가능합니다. 상사 입장에서야 반신반의로 일을 맡기는 것일테지만, 사원에게는 본인이 세상 누구보다 큰 일을 해내는 사람이니까요.

하지만 그건 드라마일뿐 실상은 그렇지 않은 회사가 많은 것 같습니다. 보통 상사 본인의 아이디어를 보충하거나, 의심을 없애는 데 사원을 동원한다는 게 문제같습니다. 어느 분의 말마따나 일의 일부분을 시킬 지라도 전체적인 흐름과 부하직원이 하는 업무가 향후 어떤 영향을 미치게 되는지 설명해줄 수 있다면 결과물이 확 다를 수 있지 않을까요? 상호 간의 커뮤니케이션을 동반하지 않고 무턱대고 모호한 목표의 과제를 던져준다면 결과는 뻔하지 않을까요? 방향키도 제시 못하면서 창의적인 걸 바라는 건 왜입니까…?

부하직원이 자신에게 주어진 명확한 과제를 해나가면서, 상사에게 질문도 던질 수 있는 분위기가 된다면 함께 성장할 수 있을텐데요.

원하는 게 뭐죠

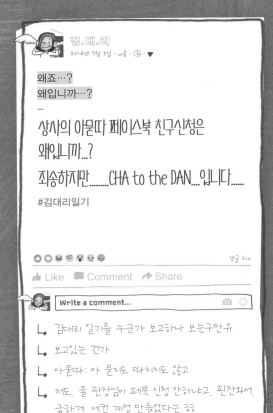

킴。대。리
2016년 7월 5일 · 서울 · 🕒 · ▼

왜죠…?
왜입니까…?
—
상사의 아묻따 페이스북 친구신청은
왜입니까…?
죄송하지만………CHA to the DAN… 입니다……

#김대리일기

👍❤️😆😮😢😡   댓글 6개

👍 Like   💬 Comment   ➤ Share

Write a comment...   📷 🙂

↳ 김대리 일기를 누군가 보고하나 보는구만유

↳ 보고있는 건가

↳ 아묻따: 아 묻지도 따지지도 않고

↳ 저도.. 울 관장님이 페북 신청 안하냐고.. 핀잔와서
   급하게 세컨 계정 만들었다는 ㅎㅎ

와 이건 진짜 모르겠다

김.대.리
2016년 7월 5일 · 서울 · ⏰ · ▼

왜죠…?
왜입니까…?
—
아무리 생각해도 직장 상사가 페북 친구 신청하는 이유를 모르겠는데요..? 이건 진짜 모르겠어요. 무슨 생각이신거에요..? 일상까지 알고 싶으신 건가요..? 그럼 회사에서 친구처럼 대해도 되는 건가요..? 반갑다 친구야..!?

#김대리일기

😀😆😍😂😢😮😡   댓글 17개

👍 Like   💬 Comment   ➤ Share

📷 😊 **Write a comment...**

↳ ㅋㅋㅋㅋㅋㅋ전 그래서 "아 저 sns 안 해요, 신청하신 줄도 몰랐어영" 이러면서 나버려두죠

↳ 쿨하게 삭제하세요 ㅋㅋ 전 친신 받고 먼 친구 등록-_-;;

↳ 모르는 척 ㅋㅋ 아니면 나처럼 계정 변경 ㅋㅋ

↳ 반갑다 친구야 ㅋㅋㅋ

↳ 김대리 일기 조기 완결 위험

↳ 페북의 공개범위 설정이 괜히 있는게 아니지 ㅋㅋㅋ

↳ 커피 뿜음

↳ 직장상사 분이 이 포스트도 다 모니터링 하고 계신거 아니에요? ㄷ ㄷ ㄷ

↳ 간혹 읽어보는 김대리 일기 재미있어유~~~^^ 상사의 신청은 감사하는 것, 아랫사람이 신청하는 이유는 고과를 잘 달라는 것 ㅋㅋ

↳ 상사는 상사일뿐 친구가 될 수 없습니다.

↳ 그냥 하는거지 뭐 생각하고 신청하겠어?? ㅋ

↳ 내가 친구 신청했을때 우리 직원들두 이렇게 생각했을테지

사람은, 직장상사는 변하지 않는다

흔히 직장생활을 버틸 수 있게 하는 세 가지 조건에 대해 많이들 이야기합니다. 사람, 즉 같이 일하는 동료가 좋거나 돈을 많이 주거나 좋아하는 일을 하거나… 이 세 가지 중에 한 가지라도 충족되면 꽤 괜찮은 조건이라고들 이야기합니다. 돈, 일, 사람 중에 최악이었을 때 가장 괴로운 건 단연 '사람'이 아닌가 생각합니다.

직장 상사는 일개 사원이 바꿀 수 없습니다. 그대로 받아들여야만 생존할 수 있습니다. 숨 쉬고 버텨야만 아침에 카드 찍고 지하철 타볼 일이 계속된다, 이 말입니다. 심지어 상사의 욕설과 한숨조차 말입니다.

세상엔 상상초월인 인간 부류들이 많습니다. 어떻게 이렇게 최악이지 싶은 사람이 가끔 암초처럼 내 앞에 등장합니다. 그런데 그게 매일 좁은 사무실에서 부대끼는 상사라는 사람이면 어떨지… 길게 말하지 않아도 아시겠죠. 인생이 진흙탕에서 엉키는 느낌입니다. 저 사람이 나가든가 내가 나가든가 둘 중 하나일 때 끝나는 전쟁입니다.

절이 싫으면 중이 떠나야 합니다. 저 사람은 절이고, 저는 중입니다.

@203

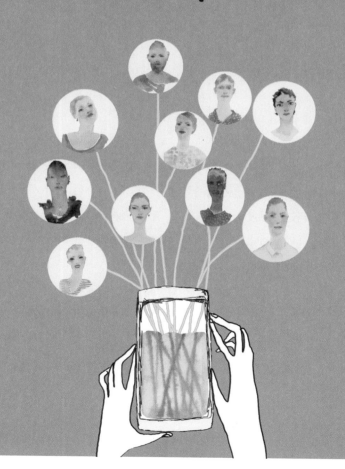

본격 업무 편 ①

회사에서 하는 일은
모두 이유가 있습니다

회사에서 하는 일은 모두 이유가 있습니다. 봉투 접기, 복사하기 같은 하찮아 보이는 일도 누군가 해야 하기에 하는 일입니다. 그 누군가가 제가 되지 않으려면 얼른 승진해야 할 텐데 그때쯤에는 지금의 열정이 없어질까봐 두렵습니다. 하루가 무사히 흘러가기만을 바라며 살아가는 어른만은 되지 않았으면 좋겠습니다.

이럴려고 대학
졸업했나 자괴감들고

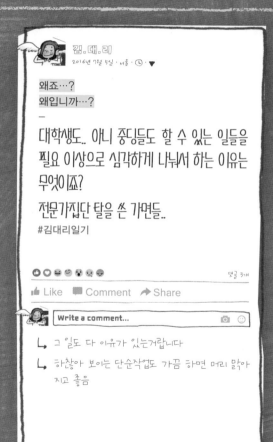

김·대·리
2016년 7월 5일 · 서울 · 🕐 · ▼

왜죠…?
왜입니까…?
—
대학생도.. 아니 중딩들도 할 수 있는 일들을
필요 이상으로 심각하게 나눠서 하는 이유는
무엇이죠?

전문가집단 탈을 쓴 가면들..

#김대리일기

👍❤️😆😮😢😠😀   댓글 3개

👍 Like   💬 Comment   ➤ Share

[Write a comment...   📷 ☺]

  ↳ 그 일도 다 이유가 있는거랍니다

  ↳ 하찮아 보이는 단순작업도 가끔 하면 머리 맑아
      지고 좋음

어차피 내 수준도
대학에서 멈춰있나봐

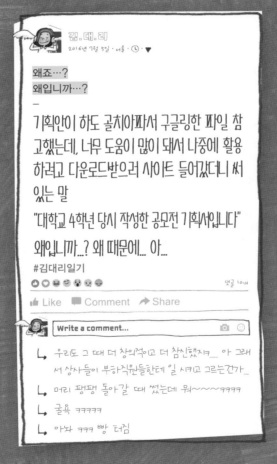

김.대.리
2016년 7월 5일 · 서울 · 🕐 · ▼

왜죠…?
왜입니까…?
–
기획안이 하도 골치아파서 구글링한 파일 참
고했는데, 너무 도움이 많이 돼서 나중에 활용
하려고 다운로드받으러 사이트 들어갔더니 써
있는 말
"대학교 4학년 당시 작성한 공모전 기획서입니다"
왜입니까…? 왜 때문에… 아…

#김대리일기

👍❤️😆😲😢😡😊   댓글 10개

👍 Like   💬 Comment   ➡️ Share

┗ 우리도 그 때 더 창의적이고 더 참신했지ㅋ_ 아 그래
  서 상사들이 부하직원들한테 일 시키고 그르는건가_
┗ 머리 팽팽 돌아갈 때 썼는데 뭐~~~ㅋㅋㅋㅋ
┗ 굴욕 ㅋㅋㅋㅋㅋ
┗ 아놔 ㅋㅋㅋ 빵 터짐

이건 뭐 석재회사도 아니고

김.대.리
2016년 7월 7일 · 서울 · 🕐 · ▼

왜죠…?
왜입니까…?

—

기획서가 도통 답답하고 안 풀리더라니 제가
찌끄려 놓은 단어가 왜 이렇게 가관이죠…?
시금석이 되어_ 주춧돌이 되어_ 발돋움이 되어_?
디딤돌이 되_? 어_? 터닝포인트가 돼_?
에_엑 거지같고요 ;;;;;;;;

#김대리일기

👍❤️😆😮😠😢   댓글 10개

👍 Like   💬 Comment   ➤ Share

 Write a comment...   📷 🙂

┗ 개나 줄 표현_ 아닌가?

┗ 저런 표현은 정말 별거 없는 내용을 포장할 때 쓰지

┗ 험한 세상의 다리가 되어_ #거지같네

┗ 초석 티핑포인트 변곡점 퀀텀점프 마중물 쓰다보니
  난리났네요ㅋㅋㅋㅋㅋㅋ

┗ 금번 사업의 전략은 사업을 위한 시금석을 마련하고
  자 하는 주춧돌을 확보하는 측면에서 발돋움 할 수
  있는 좋은 터닝포인트가 되는 기회로써 저와 팀이 디
  딤돌이 되어 성공하는_ 그간 쓴 기획서를 프린팅해서
  이으면_ 가산디지털단지와 구로디지털단지 사이에
  왕복 10차선 고속도로를 복층으로 만들 수 있음.

┗ 먼지가 되어 날아가야지

┗ 석재회사인가요^^?

@209

포기하면 편해

김❍대❍리
2016년 7월 5일 · 서울 · 🕐 · ▼

왜죠…?
왜입니까…?

수정 끝에 재수정이 끝인 줄 알았는데 재재수정
에서는 진짜 끝인줄 알았는데 재재재수정 가
더니 재재재재수정이라니요…

재재재재수정이 끝이겠죠…?

혹시 재재재재재수정하실거라면 재재재재재
재수정이 없도록 모든 수정사항 미리 다 주시길
부탁드리지만 재재재재재재재수정을 하라 지
시하셔도 달게 하겠습니다. 감사합니다. :)

#김대리일기

😀😍👍😮😢😠   댓글 22개

👍 Like   💬 Comment   ➤ Share

Write a comment...   📷 🙂

ㄴ 재미있게 쓰셔서 문득 글을 남기게 되네요. 제가 아
  는 지인이 상품기획 업무 10년차에 보고서 Rev-104
  를 저장하시면서 대기업 생활을 접으실 다짐을 하셨
  다고 들려주셨던 기억이 나네요. 심지어 팀장용, 임원
  용, 사장님용 버전이 따로~~~ 힘내세요~ 아직 한
  자리수라면 할만해요~

ㄴ 지시를 받는 입장에서는 재재수정하고 또 재재수정
  하는 어려움을 얘기하지만, 지시하는 입장에서는 재
  재수정이 아니라 완전한 새로운 버전을 바라는 것을
  알아주지 못하는 게 안타까울뿐이죠. 그래서 차라
  리 직접하고 싶지만, 후임 양성을 위해 재재재수정이
  라도 시켜보는 거죠.ㅜㅜ 몇 년 지나면 이해되실줄 믿
  습니다. ㅎ ^^;;

ㄴ v.28 최최종까지 가보았나이다 ㅋㅋㅋㅋ 사업계획서
  임. 같은 버전에 날짜 변경 명명도 있음

ㄴ Rev. Zg 정도 가주는 거는 기본. ㄲㄲㄲㄲ A부터
  Z까지 갔다가 Za, Zb..Zg 정도 가주는 센스죠.
  푸푸

ㄴ 최종 보고서랑 초안이 거의 동일할 때 느껴지는 허탈
  감도 느껴보셨죠? ㅋㅋ

ㄴ 우리도 보통 보고 자료 Rev.06까지 많이감 ㅋㅋ

ㄴ 핵공감 v16까지 가봄

ㄴ 시간이 해결책이죠

ㄴ 본 판 두 번 없는 것보다야_ 낫잖아요_ ㅜㄲ

ㄴ 글은 고칠수록 좋아지는게 당연합니다. 프린트본 정독
  하면 고칠게 또 나오고 또 나오고

혹시나 완벽할 수도 있잖아요

김.대.리
2016년 7월 5일 · 너울 · 🕐 · ▼

왜죠…?
왜입니까…?
—
프로젝트 시작도 안 했는데
"수정은 언제 하냐"뇨…?

여기가 여의도도 아니고 반대를 위한 반대?
수정을 위한 수정?

#김대리일기

👍❤️😆😊😮😢😠😲   댓글 3개

👍 Like   💬 Comment   ➤ Share

┗ 수정부터 생각하다니 뉴런쪽이 잘못됐나봐

┗ 오 수정

완벽하게 할 필요가 없는 이유

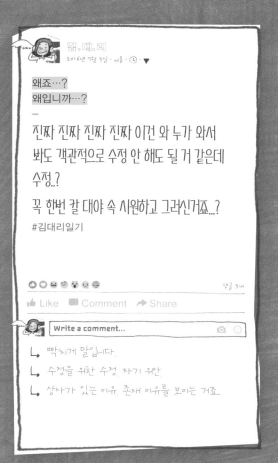

본격 업무편 ②

점점 이 사무실에, 업무에 적응이 되가나 봅니다.

왜죠…? 왜입니까…? 묻지 않으면 답답해서 못 견디겠던 일들도 두세 번 겪고 나니 무덤덤해지는 거 보면 말입니다. 내 인생의 암초 같던 상사도 어쩔 땐 짠해 보이기도 하는 게… 저는 사축으로 가는 지름길을 걷고 있는 걸까요? 길들여진 후 이 길의 끝엔 무엇이 있는 걸까요. 이 회사엔 내가 되고 싶은 롤모델이 하나도 없다는 것을 오늘 깨달았습니다.

이 회사에서 거의 10년을 일한 다른 팀 비서언니와 휴게실에서 점심을 먹고 있는데 언니가 갑자기 창밖을 바라보며 이러는 거에요.

"이 건물만 시간이 멈춘 것 같아. 주변은 다 변하는 데 말이야…"

당장 뛰쳐나가고 싶은 마음이 들었지만 간신히 참았습니다.

참조의 이중성

Write a comment...

ꜛ 올래 주는 숨은 참조를 사랑합니다

ꜛ 저도 참조에 한표 하겠습니다

ꜛ 참조 많이 거는 사람 - 일을 못하거나 오지랖퍼
ㅋㅋ 참조 너무 안 하는 사람 - 이 또한 역쉬
일을 못하거나 귀차니스트… 제 말이 맞을 걸요
호호호

ꜛ 너무 안 하는 사람은 대체 불가능한 인재가
되기 싫어서일 수도? 업무 외적인 비밀(?)이 많은
사람일 수도

ꜛ 왜죠 ?왜입니까 ? 유행어인가요?
중독될거같음

ꜛ 그냥 참죠…

ꜛ 맨날 남들 참조시키는데 답장할 때
참조 빼버리는 분 있어서 스트레스 ㄲㄲ

ꜛ 제가 일반기업(?) 근무 2년 반 동안 깨달은 건
메일은 수신보다 참조가 더 중요하다는 것입니다
제목 : 마케팅 예산이 지나치게 적게 책정된 듯합니다
수신 : 마케팅팀장
참조 : 제작본부장, 상무, 전무, 사장
제목 : 작업 지연에 대해
수신 : 외부 거래처 개발자
참조 : 외부 거래처 대표, 우리 회사 대표
내용 : 금요일 6시에 요청 드렸는데 월요일 아침에 와
봤더니 수정된 게 없습니다

ꜛ 참조 잘 거는 것도 예술입니다 특히 열심히 일한
성과물을 새벽에 발송해 주는 센스~^^

김.대.리
2016년 7월 5일 · 서울 · 🕐 · ▼

왜죠…?
왜입니까…?
—
어떤 사람은 메일 '참조'를 너무 많이
걸어서 문제고 어떤 사람은 너무
안 해서 문제인건 왜죠…?

음… 저는 고르라면 '참조' 많이 거는 분을
선택(?)하겠습니다.

#김대리일기

🙂😆😄😲😊😍😳   댓글 10개

👍 Like   💬 Comment   ➤ Share

참조의 참의미

김.대.리
2016년 7월 5일 · 서울 · 🕐 · ▼

왜조…?
왜입니까…?
－
업무메일 참조(숨은참조)는 왜 그렇게
이중적인거죠…?
메일 받을 땐 겁나 짜증나는데
일하는 티 내는 데 참조만한 게 없자나여…
휴

#김대리일기

👍❤️😆😮😢😡   댓글 1개

👍 Like   💬 Comment   ➤ Share

Write a comment...   📷 ☺

└ 김대리가 되어가는 김대리

메일함의 빅엿

김.대.리
2016년 7월 5일 · 서울 · 🕐 · ▼

왜죠…?
왜입니까…?

—

어제 연차로 결근했더니 오늘 아침 메일 읽는 데
만 왜 1시간인거죠…? 오늘까지 하란 업무는 왜 이
렇게 많은거죠…? 그리고 한 사람이 어제 하룻동안
보낸 메일만 13개…? 이건 꿈이겠죠……??

#김대리일기

👍😆😮😢😡😂   댓글 14개

👍 Like   💬 Comment   ➤ Share

[Write a comment...   📷 ○]

ㄴ 좀 다른 의미에서 'dream job'이네요 ^^ 악몽같은 업무 ㅋㅋㅋ

ㄴ 나도 ㅋㅋ 낼이랑 모레 휴가인데 금욜 메일 보면 왓떠
라는 생각이 들거얌 ㅋㅋ

ㄴ 전 오늘 집안일땜에 칼퇴하는데 내일 아침이 두렵네
요ㅠㅠ 야근했야 할 일들이 쌓여있을 듯

ㄴ 한 사람이 어제 하룻동안 보낸 메일만 13개 → 이메일
을 채팅 입력하듯 보내시나 보네요. 채팅창에서도 몇
단어씩 보내면 짜증나는데

ㄴ 직장생활이란 뭐 다 그렇다라고 밖에 짜증은 나겠지
만 어쩌겠어요 해야할 일 없어지는 것도 아닌데 열심
히 할 수밖에

ㄴ 회사 내 역할이 많거나 유능하거나 아마도 유능하겠지요 ^^

ㄴ 샐러리맨 우면 생활이 다 그렇죠ㅋㅋ

연휴는 사치입니까

김.대.리
2016년 7월 5일 · 서울 · 🕓 · ▼

왜죠…?
왜입니까…?
–
다들 연휴 전 칼퇴인데 나만 홀로 이 사무실
지키는 이유는요..? 나만 폭탄 업무인가요..?
고향으로 일을 지고 가야 하나 정녕

#김대리일기

👍🙂😆😮😢😲😠 댓글 20개

👍 Like   💬 Comment   ➤ Share

 Write a comment..   📷 🙂

↳ 미혼자는 당연히 어린이날까지 당직 아닙니까!!!
   (그래서 내가.. 부들부들)

↳ 연차내고 육아에 전념합니다..

↳ 난 연휴가 없당 ㅠㅠ 연휴가 뭔가용??

↳ 연휴 동안 계속 사저모드 예정 몸이 정상으로 돌아와야 할텐데

↳ 엇~~ 저도 내일부터 부산 놀러가는데ㅎㅎ 심심하
   시면 부산으로 출빠오세요~

↳ 연휴 개나 줘버려

↳ 님하 나도 아직 회사야ㅜㅜ

↳ 걍 월플에 하는 거다

↳ 지금 붙잡는 것만 마무리 되면 맥주 마실 수 있는데. 후아

알만한 양반이

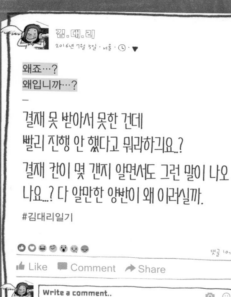

김.대.리
2016년 7월 5일 · 서울 · 🕓 · ▼

왜죠…?
왜입니까…?
—

결재 못 받아서 못한 건데
빨리 진행 안 했다고 뭐라하긔요..?

결재 칸이 몇 갠지 알면서도 그런 말이 나오
나요..? 다 알만한 양반이 왜 이러실까.

#김대리일기

😆😍😂😮😎😭😳   댓글 10개

👍 Like   💬 Comment   ➤ Share

Write a comment..   📷 ☺

⌐ 선집행 후결제 ㅋㅋㅋ

⌐ ㅋㅋㅋ 경상도 분이시니…

⌐ 저도 오늘 하나 받아야 하는데 눈물이.. ㅜㅜ

⌐ 깊은 빡침이 밀려오네유.. 예전에 드라마 M의
   감동을 주시지 그랬어유.. 그 때 그 눈빛 그
   목소리 그대로…

대체가능한 인재

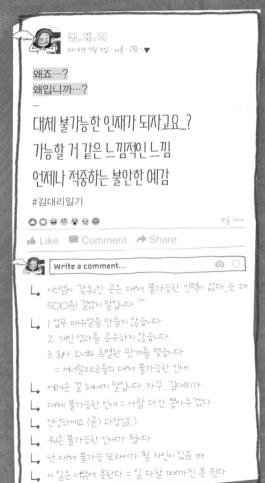

김。대。리
2016년 7월 5일 · 서울 · ⊕ · ▼

왜죠…?
왜입니까…?
—
대체 불가능한 인재가 되자고요…?
가능할 거 같은 느낌적인 느낌
언제나 적중하는 불안한 예감

#김대리일기

👍❤️😆😮😢😡😀   댓글 10개

👍 Like   💬 Comment   ➤ Share

Write a comment...   📷 ☺

↳ 시스템이 갖춰진 곳은 대체 불가능한 인력이 없다 는 데
   500원 걸었지 말입니다. ^^

↳ 1. 업무 매뉴얼을 만들지 않습니다.
   2. 개인 성과를 공유하지 않습니다.
   3. 회사 오너와 특별한 관계를 맺습니다
      = 제너럴리스트들의 대체 불가능한 인재

↳ 어려운 걸 하세지 말습니다. 자꾸. 김대리가

↳ 대체 불가능한 인재 = 사람 더 안 뽑아주겠다

↳ 안녕하세요 (곧) 과장님(_)

↳ 뭐든 불가능한 인재가 됩시다

↳ 난 대체 불가능 또라이가 될 자신이 있음 ㅋㅋ

↳ 이 일은 너밖에 못한다 = 일 다할 때까지 못 쉰다

@223

이래도 저래도

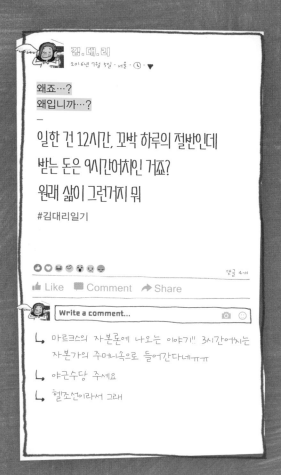

김.대.리
2016년 7월 5일 · 서울 · 🕒 · ▼

왜죠…?
왜입니까…?
—
일한 건 12시간, 꼬박 하루의 절반인데
받는 돈은 9시간어치인 거죠?
원래 삶이 그런거지 뭐

#김대리일기

👍❤️😆😮😢😠   댓글 4개

👍 Like   💬 Comment   ➤ Share

Write a comment...   📷 😊

┗ 마르크스의 자본론에 나오는 이야기!! 3시간어치는
　자본가의 주머니속으로 들어간다네ㅠㅠ

┗ 야근수당 주세요

┗ 헬조선이라서 그래

#헬조선그램

만 1살도 안 된 조카의 입 안에 이가 돋아나기 시작했다고 합니다. 언니 말로는 이가 나느라 아파서 자다 깨서 엉엉 운다고 합니다. 애기가 엉엉 우는 게 어땠냐니까 진짜 엉엉이라고 합니다. 마음이 막 찢어지는 것 같습니다. 조카를 보는 제 맘도 이런데 언니네 부부 마음은 어떨까요.

이런 작은 성장통을 겪는 자식 보는 것도 아린데, 한살 두살 먹어갈수록 사는 건 더욱 고될 것이라는 사실을 부모가 어떻게 알려줄 수 있을까요? 어떻게 하면 지금 말로 '헬조선'에 무사히 적응할 수 있도록 도울 수 있을까요?

돌이켜보니 부모님이 이런 냉정한 현실을 더 사실적으로 알려줬다면 좋았을 것 같습니다. 사회로 나가기 전에 더 치열하게 고민하고 준비했어야 했습니다. 무지하고 철없고 순수한 게 내 인생을 욕되게 할 수 있다는 걸 알았어야 했습니다.

저는 감히 자식을 낳을 수가 없을 것 같습니다. 오만한 자신감과 책임감으로 제 자식을, 요즘 흔히 말하는 헬조선에 감히 내놓을 자신이 점점 사라집니다.

조카야 조금만 천천히 자라렴.
이 세상에 빨리 나오면…….

로미오와 줄리엣도 아니고

김。대。리
2016년 7월 5일 · 서울 · 🕐 · ▼

왜죠…?
왜입니까…?
—

간밤 내내 꾼 회사 꿈은 왜 때문에 일까요…
새벽에 내 잠꼬대에 놀라서 깼는데
내가 하고 있던 말이 그겁니다.
"과장님, 힘드시죠."

#김대리일기

😀😍😆😭😮😡😆 댓글 6개

👍 Like 💬 Comment ➦ Share

 Write a comment... 📷 ☺

↳ 원수를 사랑하는 중… #해탈김대리

↳ 자나깨나 회사 생각

↳ 잠시 내려 놓으삼… 힐링이 필요한가 봐요

정상인듯 정상아닌 정상같은 나

김.대.리
2016년 7월 5일 · 서울 · 🕐 · ▼

왜죠…?
왜입니까…?
–
요새 꿈꾸면 배경이 맨날 회사인건 왜죠…?
꿈에서도 회사가는 나
정상인가요?

#김대리일기

😀😊😂😅😆😍😘😛   댓글 7개

👍 Like   💬 Comment   ➤ Share

 　Write a comment...   📷 ☺

└ 나도 꿈에서 미친듯이 일한다 요즘 좀 마음을 바꾸
니 나아지기는 했네 마음 좀 바꿔봐~

└ 회사를 키울 인재네 ㅋㅋㅋㅋㅋ

└ 24시간 근무하시는군요 ㄷㄷ

└ 비정상입니다 쾅쾅

└ 신입사원 마인드네

└ 워커홀릭? 의외인데요 변하셨네요

@227

공문이 밥먹여주니

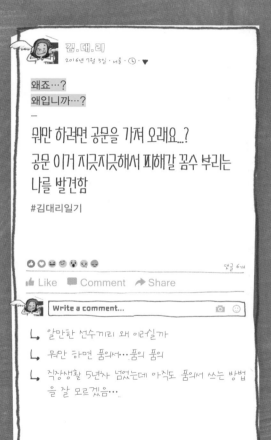

김.대.리
2016년 7월 5일 · 서울 · ⊕ · ▼

왜죠…?
왜입니까…?
—

뭐만 하려면 공문을 가져 오래요…?
공문 이거 지긋지긋해서 피해갈 꼼수 부리는
나를 발견함

#김대리일기

👍❤️😆😮😢😠😱 댓글 6개

👍 Like   💬 Comment   ➤ Share

Write a comment...   📷 ☺

↳ 알만한 선수끼리 왜 이러실까

↳ 뭐만 하면 품의서…품의 품의

↳ 직장생활 5년차 넘었는데 아직도 품의서 쓰는 방법
   을 잘 모르겠음…

세상사

똑똑한 사람이 부지런한 사람 못 당하고
부지런한 사람이 재미있게 일하는 사람 못 당하고
재미있게 일하는 사람이 생계형 아닌
'취미형 직장인'한테 못 당하고.

#Come 금수저 return 금수저

이젠 이해도 되고 그런다

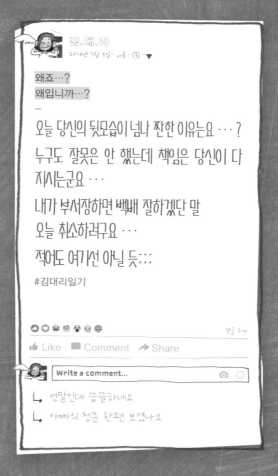

김.대.리
2016년 7월 5일 · 서울 · 🕐 · ▼

왜죠…?
왜입니까…?
—

오늘 당신의 뒷모습이 넘나 짠한 이유는요 … ?
누구도 잘못은 안 했는데 책임은 당신이 다
지시는군요 …
내가 부서장하면 백배 잘하겠단 말
오늘 취소하려구요 …
적어도 여기선 아닐 듯…

#김대리일기

👍😊😆😢😍😡😆   댓글 2개

👍 Like   💬 Comment   ➤ Share

Write a comment...   📷 ⚪

  ↳ 연말인데 씁쓸하네요
  ↳ 아빠의 청춘 한편 보셨나요

뒷통수를 조심해

 김.대.리
2016년 7월 5일 · 서울 · 🕐 · ▼

왜죠…?
왜입니까…?

―

오늘 유난히 기분이 좋아보이시는 이유는요…?
하지만 곧 뒷통수 맞을테니
방심하지 않겠습니다.

#김대리일기

👍😆😂😮😢😡😯   댓글 7개

👍 Like   💬 Comment   ➡ Share

 Write a comment...   📷 ☺

┗ 기분_ 그 분의 주식이 올라서 아닐까요 ?

┗ 김대리님 일기로 사회를 배웁니다

┗ 그 분의 주식이 올라서 아닐까요 ? (예 한표_ 기분
  만 좋을뿐_ 올랐다고 쏘지는 않음)

┗ ㅋㅋㅋㅋㅋㅋ 쫌있다 안 좋아질건가 ㅋ

잠깐 상사가
짠하다 생각한 죄

김.대.리
2016년 12월 5일 · 서울 · 🕐 · ▼

왜죠⋯?
왜입니까⋯?
—
아침에 그리 조져놓고 법카로 산 간식 따위
로 날 달랠 수 있다고 생각하는 겁니까⋯?
아나 떡이다. 너나 먹어.
오늘 당신이 나에게 할 수 있는 최고의
선물은 6시 퇴근 독려입니다.

#김대리일기

👍💗🥰😆😮😺😆😢   댓글 11개

👍 Like   💬 Comment   ➤ Share

┌─── Write a comment...   📷 ◎

↳ 법카면 호텔 점심 사주고 칼퇴 시켜야죠;;;;; 칼퇴
  해도 차 많이 막힐텐데요ㅜㅜ 저희 회사도 오늘
  케이크 주고 토욜 출근이요;;;

↳ 사내 엄청 밀리는 중여 ㅠㅠ

↳ 칼퇴를 보장하라!!

↳ 보장하라!!

평화는 멀리 있지 않았어요

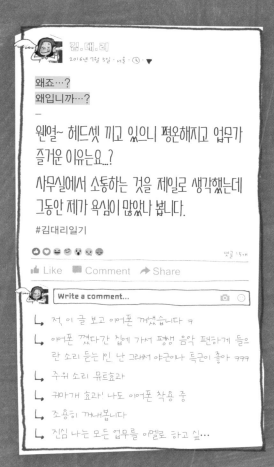

모니터 두 개=듀얼코어

김.대.리
2016년 7월 5일 · 서울 · 🕒 · ▼

왜죠…?
왜입니까…?

—

모니터를 왜 두 개나 주시는 거죠…?
아항 멀티플레이 하라는 거구나
제 두뇌는 싱글코어인데…

#김대리일기

😆😊😍😂😎😭😡
댓글 7개

👍 Like　💬 Comment　➤ Share

 　Write a comment...　　　　　　　📷 🙂

　┗ 모니터의 개수는 램과 같죠 많을수록 효율이 좋아지는데,
　　일정 수 이상을 넘으면 큰 의미가 없는 ㅋㅋㅋㅋ

　┗ 상사님 가라사대 '모니터 개수만큼 일하라'

　┗ 왼쪽에는 페이스북 띄워놓고 놀라고 주는 겁니다.

　┗ 사무직이라도 모니터는 두 개가 좋아 좀 써보면 하나가지
　　고는 못 쓸까봐. 이왕이면 좋은 모니터로 받아봐

　┗ 가상으로 두 개로 분리하고 그러다 발열 나고 펑(?!)

　┗ 바른 자세를 유지할 수 있도록 배려해 주셨나 봅니다. 오
　　른쪽 왼쪽 각각 하나씩 모니터를 사용할 경우 자세가
　　틀어지면 3D로 보일 수 있으므로 정확한 거리와 바른 자세
　　가 필요합니다. 목 기브스 하실지도 ^^

　┗ 전 모니터 3개 가운데 페북과 카톡 고정 양쪽 날개를 적
　　극 활용하는 학익진의 모습

카톡의 업무화

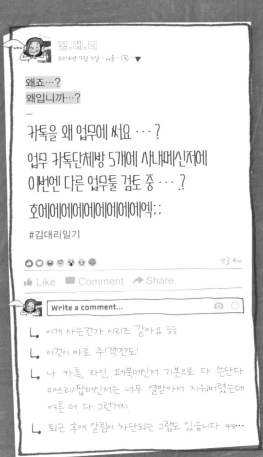

째똑에 바라는 점

카카오톡에 그런 기능이 있었으면 좋겠습니다. 단톡방에서 특정인 말만 형광펜 체크돼서 표시되는 기능이요.

업무 단톡방, 동호회 단톡방.. 개수도 너무 많고 정리도 안 되는데 특정인 말만 주목해서 볼 수 있었으면 좋겠습니다.

특정인이 말하면 별도로 알람해주는 기능도 있으면 편리할 듯. 상사 말은 놓치면 제가 피보니깐요.

(아예 카톡을 폭파시켜버리면 더 좋겠죠 데헷)

김.대.리
2016년 7월 5일 · 서울 · 🕐 · ▼

왜죠…?
왜입니까…?
—
나쁜 키보드 새끼!! 왜 왜 왜 상사한테 ㅗ를
보낸거죠…? 너무했음. 씩씩

#김대리일기

😊👍😡😈😰😵😂   댓글 23개

👍 Like   💬 Comment   ➤ Share

 　Write a comment...   📷 ☺

ㄴ 아 과장님 너무하세요 ㅗㅗ
ㄴ 감정을 읽는 인공지능 김대리봇
ㄴ 그거 고양이가 친듯음
ㄴ ㅗㅗ 대신 ㅡㅡㅗ 보내고 실수라고 하면 됩니다
ㄴ 너도 모르는 너의 자아
ㄴ 키보드가 스마트하네
ㄴ 너의 마음을 대변해 주는구나
ㄴ ㅋㅋㅋㅋㅋㅋㅋ 김대리님 짱
ㄴ 불량 키보드가 맞는 건가요? 김기자님의 키보드는 21세기에서
　 는 알 수 없는 특수 기능이 들어있는 것일 겁니다~ㅎㅎ
ㄴ 나도 팀장 시절 우리팀 대리한테 한 번 당한 적 있는데 그
　 거 오래 가드라고 실수인 건 알겠는데 흠 진짜 실순가?
　 라는 생각이 ㅎㅎㅎ

똥 싼 놈은 쟨데요… (억울)

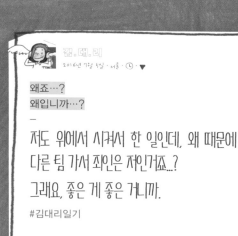

김.대.리

2016년 7월 5일 · 서울 · 🕐 · ▼

왜죠…?
왜입니까…?
–
저도 위에서 시켜서 한 일인데, 왜 때문에
다른 팀 가서 죄인은 저인거죠…?
그래요, 좋은 게 좋은 거니까.

#김대리일기

👍😍😆😮😢😠   댓글 5개

👍 Like   💬 Comment   ➤ Share

┌ Write a comment...   📷

┗ 그럴 땐 요로케 요로케 없애버려잇…

┗ 그건 아니죠 김 대리님 깊은 빡침입니다

┗ 저도 위에서 시켜서 한 일인데, 왜 때문에 다른
  팀 가서 죄인은 저인거죠…? <---핵공감 ㅋㅋㅋ 웃을
  일 아닌데 웃픔

┗ 어쩔수 없는 먹이사슬 구조인 듯 ㅎㅎ

대리라서 사원짓을 못해

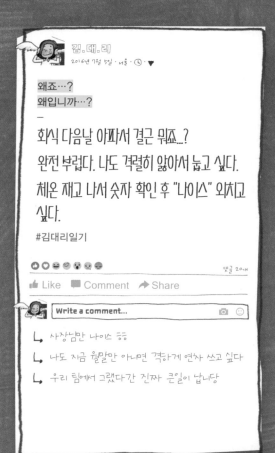

김.대.리
2016년 7월 5일 · 서울 · 🕐 · ▼

왜죠…?
왜입니까…?
—

화식 다음날 아파서 결근 뭐죠…?
완전 부럽다. 나도 격렬히 앓아서 눕고 싶다.
체온 재고 나서 숫자 확인 후 "나이스" 외치고
싶다.

#김대리일기

👍👌😆😄😢😮😭😊   댓글 20개

👍 Like   💬 Comment   ➤ Share

Write a comment...   📷 ☺

↳ 사장님만 나이스 ㅎㅎ

↳ 나도 지금 월말만 아니면 격하게 연차 쓰고 싶다

↳ 우리 팀에서 그랬다간 진짜 큰일이 납니당

아빠 힘을 쥐어짜세요, 우리가 있잖아요 ♪

어릴 적 어버이날이었던가, 당시 유행하는 노래를 형제자매님과 떼창했습니다.

"아빠(엄마)~ 힘내세요. 우리가 있잖아요~ 아빠 힘내세요! 우리가 있어요~~ ♪"

우릴 귀여워해 줄 거라, 감동할 거라 생각했던 것과 달리 엄마의 표정이 안 좋아지셨고 노래를 멈추게 하셨습니다.

그 이유는 "다시 밖으로 나가서 돈 벌어와야 할 것 같다"는 거였습니다.

그땐 실망해서 툴툴거렸는데 지금 생각하니 맥락상으로 대충 이해가 되는 아침입니다.

#화식다음날
#죽도록일어나기싫은아침을이겨내고
#승리
#헬조선노동자

불금삭제

김.대.리
2016년 7월 5일 · 서울 · 🕐 · ▼

왜죠…?
왜입니까…?
-

불금 즐길 내 체력 어디있어요…?
이봐어 *.*

#김대리일기

😀😆😷😊😭😵😂😍 댓글 9개

👍 Like 💬 Comment ➤ Share

 Write a comment... 📷 ⊙

└ 동감백배

└ 불금은 정신력으로 ㅋㅋ

└ 음주를 좀 하면 살아납니다.

└ 그러니, 그렇게 없는 체력까지 (하얗게) 불태운
　다는 비유가.. 눈 뜨면 토요일 하루 따위 뉘엿뉘
　엇 지고..

└ 그래도 달려.. 불금이 아깝잖아요

@245

언제…. 이런 김대리가 되었나

김.대.리
2016년 7월 5일 · 서울 · 🕒 · ▼

왜죠…?
왜입니까…?
—
"김대리님도 심장이 떨리세요?" 라뇨..?
저도 따신 심장이 뛰고 붉은 피가 흐르는
닝겐인데..:;
저도 때론 얼굴이 붉어지고 긴장합니다. 큼큼

#김대리일기

👍😊😍😭😎😡😀   댓글 6개

👍 Like   💬 Comment   ➤ Share

┌─ Write a comment...   📷 ☺

┗ 아니 어쩌다 이런 이미지를 ㅜㅜ

┗ 그럼.. 어차피 잘못 시작한거.. 차도녀로.

┗ 갑자기 전화로 헤어지자고 통보하고 넌 아무렇지도
   않지?라고 말했던 옛 연인이 생각납니다...
   얼마나 힘들었는데!!!!!

각성 ✒️

김대리가 되기 전 11개월간 백수 생활을 했습니다. 규칙적인 생활을 하고, 인생 계획을 멋드러지게 다시 세울 것이라고 다짐했었던 건 백수가 되자마자 잊었습니다. 잠은 잘수록 늘고, 늘 부족한 것이었습니다. 오늘 30분을 더 자면 내일은 1시간을 더 자야 하는 곱의 법칙. 그렇다고 실컷 잘 논 것 같으냐? 아닙니다. 놀면 놀수록 더 놀고 싶고, 언제나 시간은 부족했습니다. 그러니까 11개월이 글쎄, 먹고 자고 놀기만 해도 훌쩍 가버리더란 겁니다. 허무하게도.

그러다 보니 저라는 사람은 직장이라는 감옥 속에 갇혀 노예질을 해야만 인간 구실을 하는구나, 라는 결론에 이르렀습니다. 성공하는 사람은 매일 같은 생활패턴을 반복하면서 발전하고 추진력을 얻는다는데, 저라는 인간은 자가발전이 절대 안 되는 사람이니 누군가가 떠밀어줘야 한다는 것을 알게 됐습니다.

김대리로 몇 개월 살아내면서 점차 적응이 되어가는 게 놀랍습니다. 하루도 견디지 못할 것 같았는데 말입니다. 직장에서의 생활은 행복하지 않습니다. 밤 1시까지 주 3일을 야근하는데도 내일이 보이지 않는 삶이란 꿈을 꾸는 것조차 사치 같습니다.

그런데 놀라운 건 이런 괴로움이 저를 부지런하게 움직이게 하는 원동력이 된다는 겁니다. 정신을 똑바로 차리지 않으면 안 된다는 각성을 매일 합니다. 그들과 같은 사람이 되지 않기 위해서. 사축이 되지 않기 위해서.

Part.4

김대리,
퇴근중입니다

이직 면접에서 "꿈이 뭐냐"는 질문을 받았습니다. 왜 화가 나는 걸까요? 도무지 꿈을 꿀 수 없는 현실인데, 만들어내서라도 뱉어내야만 할 것 같은 강요로 느껴졌습니다.

요즘은 그놈의 꿈이 더 생각이 안 납니다. 사고가 정지된 느낌입니다. 출근시간은 이르고, 발과 머리는 무겁고, 눈은 침침하고, 회사 가면 일이 많아서 집중도가 떨어지고 퇴근은 늦고... 이런데 어떤 꿈을 꿀 수 있을까요?

"생각하는대로 살지 않으면 사는대로 생각하게 된다." 요즘 제가 자주 되뇌이는 말입니다. 그런데도, 도무지 정신을 똑바로 차리기가 어렵습니다.

'헬조선'을 논하는 사회 분위기에 대해 얼마 전 누군가와 대화를 나눈 적이 있습니다. 그 사람이 그랬습니다. "비록 흙수저더라도, 열심히 자긍심 가지고 살면 되는 것 아니냐"고. 무엇이든 남 탓, 환경 탓하길 좋아하는 사람들을 저는 극혐하지만 그 사람 말엔 동의를 할 수 없었습니다.

한숨은 나올 때 쉬는 겁니다.

힘든 데 안 힘든 척은 어렵지만 안 힘든데 힘든 척은 더 어렵습니다. 진짜 어렵고 힘드니 한숨이 나오는 겁니다. 누군가라도 욕해야 하는데 그게 이 나라입니다. 이 나라 나쁘다고 욕이라도 해야 좀 풀리는 것 같습니다. 그 외엔 누군가에게 화풀이 하고 싶은데 상대가 없습니다. 주변 사람들 다 살기 힘드니까.

언제부턴가 점점 표정을 잃어가고 우린 서로에게 관심이 없습니다. 충분한 이유는 있습니다. "내가 힘든 데 누굴 챙겨"라는 겁니다. 이런 못생긴 생각 '점'이 이어지면 선이 되고 선이 모이면 면이 되고 면들이 채워지면 세상이 됩니다. 점점 더 못생겨지는 사람들, 세상. 매력이 참 없습니다.

적어도 이 보다는 재미있게 살 줄 알았습니다. 그놈의 몇만 원이 뭐라고, 고작 밥값 술값밖에 안 됩니다. 근데 그 하찮은 돈에 집착하게 됩니다. 어쩔 수 없습니다. 적어도 몇 푼이 없어서 쩔쩔매고 싶진 않습니다. 당장 사표 던지고 싶은데 못 나가는 이유가 그것입니다.

아 맞다.
꿈이 뭐냐는 질문에 제가 이렇게 대답했습니다.

"꿈이 뭐냐는 건 미래에 무엇이 되겠느냐는 질문이신 것 같은데, 그렇다면 제 답변은 '꿈이 없다'는 것입니다. 인생 전체는 대충 대충, 현재는 치열하게 되도록 재미있게 살자는 게 제 인생관입니다. 미래의 행복을 위해 현실을 저축하고 싶지 않아요. 내일 어떻게 될 지 모르잖아요. 죽을지도?"

얼마 뒤 메일이 도착했습니다.
"면접을 위해 소중한 시간을 내주셔서 감사합니다...만.. 블라블라"

이미 알고 있었습니다.
저는 탈락입니다.

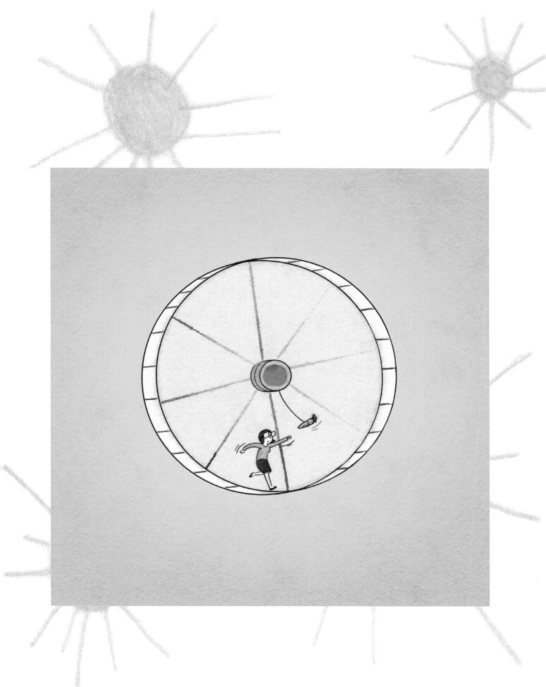

꿈 그게 대체 뭔데

김.대.리
2016년 7월 5일 · 서울 · 🕐 · ▼

왜죠…?
왜입니까…?
—

거짓말은 왜 하신거죠…? 꾸준히 천천히 열심히만 하면 꿈이 다 이뤄지고 잘 산다면서요…?

예로부터 성실을 최고의 덕목으로 치지 않았습니까…?

제가 볼땐 세상은 결과로만 말하고 과정은 많이 필요없는 것 같은데요.

1등만 기억하고 대접하는 세상이 됐는데 아직까지 구식 덕목을 학생들에게 강요하고 계신건 아니겠죠…?

#김대리일기

👍❤️😆😮😢😡😎   댓글 7개

 Like   💬 Comment   ➤ Share

┗ 결과가 중요함. 과정은 그닥 안 중요합니다
┗ 꿈꾸기 어려운 세상이지
┗ 강요? 요즘은 선생이 을이라서 원…

그녀의 산산조각 난 꿈

한 친구가 연극배우가 되겠다고 나섰습니다. 주변 친구들 대부분이 그녀를 응원하기보다는 먼저 걱정부터 했습니다. 그녀가 아직 철이 덜 들었다면서, 뒷말을 하는 친구도 있었습니다.

시간이 많이 흘렀습니다. 주름살이 하나 둘 늘어갈 때까지 그녀는 결국 꿈을 이루지 못하고 고향으로 돌아가게 됐습니다. 생활비에 쪼들리다가 다단계에 손대 빚까지 안은 채였습니다. 그나마 남은 친구들마저 모두 적이 되어버린 뒤였고요.

서울 시민으로서의 마지막 날 밤, 그녀를 만났습니다. 손을 꼭 잡고 "앞으로 잘 될거야"하는 데 가슴에 묵직한 돌이 내려앉았습니다. 그동안 응원조차 제대로 못 해준 게 미안합니다.

어릴 적 어른들이 꿈이 뭐냐고 물으면 "탤런트 될래요" "대통령 될래요" "과학자 될래요"라고 말할 수 있었던 적이 있었습니다. 몇 개 모르는 선택지라도 선택할 줄은 알았더란 말입니다. 정말 무엇이든 될 수 있을 줄 알았거든요.

인정합니다. 연극배우라는 그녀의 꿈을 들었을 때 조금은 거북스러웠다는 것을요. 그 꿈은 어릴 때, 철없던 그 시절에나 말할 수 있었던 현실과 괴리된 꿈이었습니다. 그러므로 이뤄지면 안 되는 것이라고 생각했습니다. 수동적인 내 삶은 오

답이고 그녀의 선택이 정답이면 어떻게 해야 하나요. 그녀가 그것을 증명하게 되는 상황이 두려웠습니다. 제가 참 못났던 거죠.

저도 어린 시절엔 '무언가' 되고 싶었습니다. 어른이 되었을 때 적어도 상사 눈치나 보는 그렇고 그런 직장인이 될 줄은 몰랐습니다. 지금은 무엇도 선택할 수가 없습니다. 제 인생의 주인공은 제가 아닌지 오래되었습니다. 직업을 가질 때부터 그랬습니다. 내가 무엇을 하고 싶은지, 앞으로 무엇이 되고 싶은지보다 단지 취직을 하고싶어서 입사했으니까요.

결국 그녀 앞에 닥친 결말은 처음 제가 예상했던 바와 다르지 않았습니다.
그런데, 속이 시원한 게 아니라 이렇게 눈물이 찔끔 나는 이유는 무엇입니까?
조금은 달라도 됐을텐데... 그래야 창살같은 저 창문을 뚫고 나갈 용기가 생길지도 모르는 데 말입니다.

김대리일기
Links
꿈 편 – 댓글

다음 스토리 펀딩

닉네임 고○○ 2

└ 꿈이 뭐냐고? 취미생활 하면서 지금을 즐기는거다.
그거에 비웃는 사람에게 되묻는다.
넌 꿈이 뭐냐고 돈벌기 위한 일 따위를 꿈이라고
짖어대는 헛소리 할거면 내 꿈을 비웃지
말라 하겠다. 이룰 수 없는 걸 바라면서 꿈이라
지껄이는 놈에겐 그건 그냥 잘 때 꾸는 꿈이라 하겠다.
지금 우리나라에서 돈 안 되는 꿈을 가지고 살 수
있을 것 같은가? 한번 해보시던지!

닉네임 문○○ 1

└ 꿈이 뭐냐구요? 칼퇴하는 친구들?
ㅎ 가장 현실적인 ㅎ

닉네임 손○○

└ 꿈은 비현실적인거라 생각되기에 로또
당첨 정도 ?? 이 꿈마저 다른 것에
의지하게 되는 나다 ;; 으앙 ㅠㅠ

닉네임 차○○ 3

└ "생각하는대로 살지 않으면
사는대로 생각하게 된다."

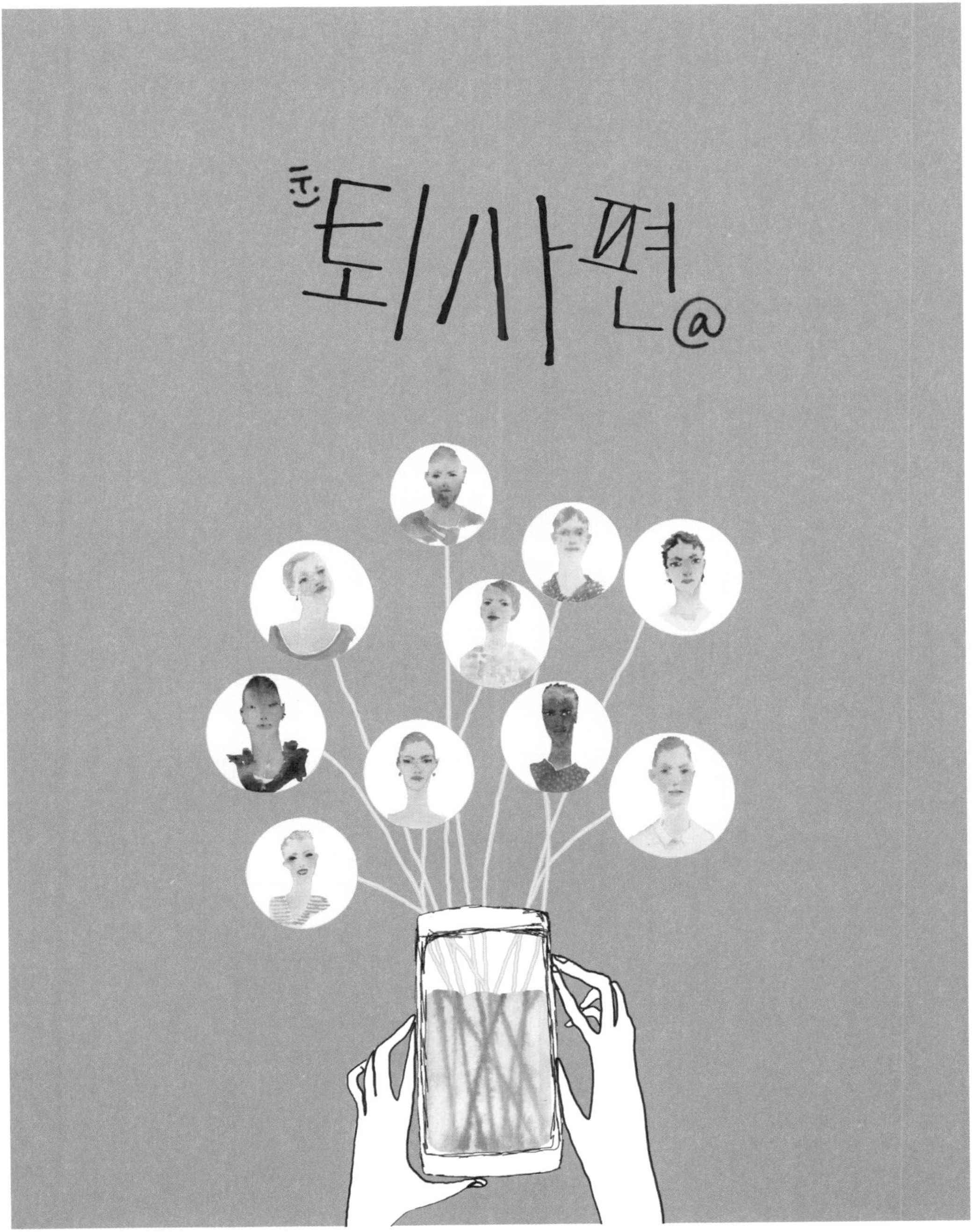
퇴사편@

김사원, 그녀에겐 이 회사가 첫 직장입니다. 아나운서를 준비했던 경력만큼 외모도 출중합니다. 꽃띠 나이에, 귀엽고 예쁜 외모. 그녀는 그야말로 회사의 꽃입니다. 바라만 봐도 싱그러워서 자꾸만 보고싶어지는 존재죠.

그녀는 남직원들 사이에서 인기투표 1위를 차지하기도 했습니다. 성격도 좋고 웃기도 빵실빵실 잘 웃어서 저도 참 좋아했죠.
그랬던 그녀가…

"아니, 누구세요.?"

"헤헷… 대리님 저 오늘 렌즈가 안 들어가는 거에요.
요즘 너무 피곤해서 눈이 렌즈를 거절해요."

빵글레스 안경을 쓰고 넋 놓고 앉아있는 모습에 김사원이 아니라 다른 사람인 줄 알았습니다. 그리고 보니 요즘 피부 트러블도 심한 거 같고 얼굴 톤도 나빠졌네요. 거기다 두꺼운 안경까지 쓰니 인기투표 1위에 맞지 않는 외모로 전락했습니다. 본인도 민망한지 자꾸 시선을 피하고 고개를 숙이네요. 입사 몇 달 만에 사람이 이렇게 변하다니.. 회사란 정말이지 놀라운 곳입니다.

그녀가 떠나가요

김.대.리
2016년 7월 5일 · 서울 · 🕐 · ▼

왜죠…?
왜입니까…?
—

같은 날 입사한 여직원이 퇴사한다는 데
부럽고도 안타까운 이유는 무엇입니까…?

다시 모든 걸 없던 일로 '리셋'하고 시작할 수 있는
20대 중반 니 나이가 부러우면서도, 불확실성에 몸
을 던지는 불나방같아서 안타깝고 애처롭구나…

#김대리일기

👍❤️😆😮😢😡😂   댓글 15개

👍 Like   💬 Comment   ➤ Share

  | Write a comment...   📷 ☺

> ┗ 안타깝다 요새 보면 다들 계속 일하다 관두고 반복

> ┗ 20대 중반에 한표 던져줄게

> ┗ 다시 모든 걸 없던 일로 '리셋'하고 시작할 수 있
>   는 20대 중반에 한표 더

> ┗ 20대 중반이면 그래도 돼 후반부턴 경력 챙
>   겨야지 더러워도ㅋㅋ

> ┗ 걱정 마 개도 우리보다 어릴뿐 '내가 나이도 있는
>   데 또 언제 시작하지'라는 위기감이 있을거야 ㄲㄲ

> ┗ 그냥 부럽네요

@263

기름과 물처럼 섞일 수 없었던 김사원과 회사

사무실에 있는 시간이 김사원에겐 영 행복하지 않은 모양입니다. 일을 배우는 것이 서툴고 느립니다. 본인이 그런 것을 깨닫고 바꿔보려 노력하는 것은 없습니다. 흔히 신입사원의 자세로 생각되는 질문 공세로 선배들을 귀찮게 하지도 않습니다. 매일을 겨우 견디는 듯 보입니다.

팀장과 관계 맺기를 불편해하는 게 보입니다. 같이 있을 때 항시 표정이 좋지 않습니다. 특히 일주일에 두 번 혹은 세 번 야근시키는 이유를 납득하지 못하고 있는 것 같습니다. 팀장도 그녀를 예뻐하고 격려하기보다는 일주일에 한두 번은 불편한 티를 내고 꾸중하는 것으로 대응하고 있습니다. 최소한 이 사무실 안에서는 사원이도 다른 이들과 같은 행동, 표정을 하길 바라는 거겠죠.

"대리님, 저는 요즘 회사에만 오면 체한 듯 속이 안 좋아요."

사원이는 지속적으로 체기를 호소했고 한 번은 소화제를 먹고서도 괴로워하다 일찍 퇴근(이라 쓰고 정시 퇴근)하기도 했습니다.

얼마나 버티겠나, 생각하긴 했지만 이별의 순간은 생각보다 빨리 왔습니다. 그녀는 퇴사를 결심했다고 말하며 눈물을 보이기까지 했습니다. 그 큰 눈에 눈물이 그렁해서는 "더이상은 못 버티겠다, 선배들한테는 미안하다" 했습니다.

사원이는 꿈이었던 아나운서를 다시 준비한다고 했습니다. 어렵고 힘들더라도 한 번 더 도전하겠다면서. 3개월여 이 회사에서의 시간은 그녀에게 악몽과도 같았나 봅니다.

퇴사하는 날, 그녀는 처음 만난 그 모습처럼 활짝 웃고 있었습니다. 야무지게 퇴근 지문을 찍고 회사를 박차고 나갔습니다. 그날만은 '칼퇴근'이었습니다. 그녀가 떠나고 얼마 뒤 한 잡사이트에 회사에 대한 평가가 올라왔습니다.

- 야근이 잦음
- 채용공고가 자주 올라오는 이유가 있음
- 연봉이 매우 낮음
- 연차 사용 못함
- 진급이 느림

며칠 뒤 사원이의 카톡에는 밝고 건강하게 웃는 프로필 사진과 함께 인사말 '햄보케(행복해)'가 떠올랐습니다. 웬지 모르게 부러운 마음이 일어나 말을 걸어보았습니다.

"ㅇㅇ씨, 퇴사하니까 어때요? 좋아? 행복해?"

"대리님, 저 회사다닐 때 맨날 체하고 몸이 너무 안 좋았는데, 퇴사하고 증상이 싹 사라진 거 있죠. 저랑 회사가 정말 안 맞았나 봐요. 이제 살만해요."

퇴사자의 카톡
인사말 '햄보케 ♥' 〔행복해〕

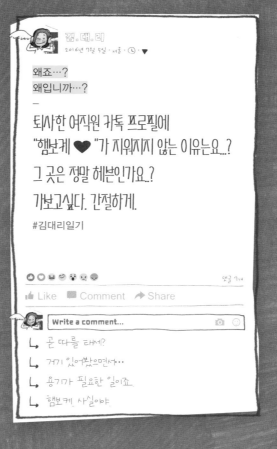

깜∘때∘리
2016년 7월 5일 · 서울 · ⊙ · ♥

왜죠…?
왜입니까…?
—

퇴사한 여직원 카톡 프로필에
"햄보케 ♥ "가 지워지지 않는 이유는요…?

그 곳은 정말 헤븐인가요..?

가보고싶다. 간절하게.

#김대리일기

👍😆😮😢😲😠😆   댓글 7개

👍 Like   💬 Comment   ➤ Share

✏ Write a comment...   📷 ☺

┗ 곧 따를 태세?

┗ 거기 있어봤으면서…

┗ 용기가 필요한 일이죠

┗ 햄보케 사실이야

@267

김사원이 퇴사한 이유

핏줄말고 거의 유일하게 이것저것 재고 따질 수 없는 게 회사 같습니다. 인생에 그렇게 큰 영향을 미치는 데도 돌다리를 두들겨보듯 신중하게 입사할 수가 없는 겁니다.

언제나 회사들은 불합격 통지를 밥먹듯 내립니다. 그 동안 구직자들은 비참해질 대로 비참해집니다. 그러다 가까스로 합격 통보를 내린 회사에 묻지도 따지지도 않고 '참 고맙게' 입사하게 됩니다. 갑과 을은 입사부터 결정되는 셈입니다.

근무 조건을 자세하게 내거는 회사는 잘 없습니다. 몇 줄의 채용공고만으로는 회사를 좀처럼 알기 어렵습니다. 정작 필요한 정보는 없는 거죠. 하긴 이해는 갑니다. "야근 일주일에 3회 이상 각오, 까칠한 대머리독수리가 상사임, 직원 감시하는 CCTV 있음, 초임 연봉 2200만 원임" 이런 이야기를 신랄하게 쓰면 아무도 지원 안할 테니까요.

적어도 입사하기 전에 회사 분위기나 같이 지낼 사람에 대한 정보를 알 길이라도 있었으면 좋겠습니다. 기어코 배에 탑승하고 나서야 서로가 상극이라는 것을 알아버리는 비극이 오늘도 여기저기에서 일어납니다.

얼마 다니지 못하고 직원이 그만두면 회사와 직원 모두 손해입니다. 회사는 비용을 낭비하게 되고, 직원은 시간을 낭비하게 됩니다. 어느 쪽도 좋은 결과는 아닙니다.

회사는 그래도 시스템과 환경을 개선할 생각이 없고, 사람을 뽑아대고 무조건 적응하라 합니다. 시스템과 환경을 개선하는 비용보다 직원 한 명을 채용해 복불복으로 키워보는 게 훨씬 비용이 덜 들기 때문일까요?

김사원도 딱히 잘한 건 없는 것 같습니다. 본인의 꿈이나 발전보다는 겉으로 보기에 쉬워보이고, 편안해 보이는 회사를 선택했고 기대에 못 미쳤기에 포기한거나 다름없습니다. 그나마 김사원은 이번 경험으로 회사 보는 눈을 조금이라도 길렀을 겁니다. 조금이라도 배운 게 있다면 다행입니다.

김사원과 달리 시스템에 순응한 직원들이 있기에 오늘도 회사는 굴러갑니다. 회사는 그런 직원을 영원히 찾아 헤매일 겁니다. 최악의 조건들을 순순히 받아들이고 장기근속할 직원들을요.

입사 5년차인 직원 1에게 "이직을 고려해 볼 수도 있지 않나요?"라고 질문한 적 있어요.

"날 받아줄 데가 있느냐는 문제. 나이도 많고 경력도 이런데..
상황을 바꾸기에는 너무 늦은 것 같아."

비슷한 경력의 직원 2에게도 물었어요.

"저는 IT 개발자로 사회생활을 시작했는데, 야근도 많고 일이 힘들어서 그만두고 이
곳에 입사했죠. 이 곳이 밖에서 볼 땐 일하기 편해 보였거든요. 이젠 다른 곳에 가고
싶어도 어려워요. 입사한 지 2년이 넘어가서는 더 어렵게 됐죠. 경력도 애매하고 ‥
어쩔 수 없잖아요."

아닌 거 같지만 이 회사에 있는대요. 딱히 갈 데도 없대요. 이거 실화입니까?

나는 배, 회사는 항구

'남들이 보면' 안정적인 듯한 이 직장을 때려치고 이직을 해야 할지 고민하는 저에게 어떤 선배가 이런 말을 했습니다.

"배는 항구에 있을 때 안전하지만, 그것이 배의 존재 이유는 아니다."

귀에 쏙 박히더군요. 제 상황에 꼭 맞아서 멋진 명언으로 들린 것도 있지만요.

김이박대리, 우린 대리.✒️

동갑 친구들이랑 1~2차로 술 거나하게 마시고 3차로 꼼장어집에서 또 달리는 중이었습니다.

처음 술자리에 온 동갑내기가 있어서 갑자기 때 아닌 명함교환식이 열렸습니다. 한 명이 "명함 줄까"하니 친구들이 득달같이 자기들 지갑 열어서 명함을 돌리기 시작했던 겁니다. 평소에 명함 돌릴 일이 되게 없는 지 신이 났습니다. 한참을 그러고 나서, 저도 몇 장 받아서 테이블에 놓고 살펴보다 보니 갑자기 찡해졌습니다.

얘는 저처럼 김대리고, 얘는 박대리고, 얘는 최대리고 그랬습니다.

우리 친구들 거의 다 그네 회사에서는 대리인 것입니다. 다들 사원부터 쑥쑥 커서 이 나이에 대리 달아 일하고 있더란 거였습니다. 밥값이나 하고 다니나 궁금했는데 저처럼 어디서 그렇게 누군가를 대리하고 있었습니다. 얼마나 많은 눈칫밥을 먹고, 머리 싸매가며 나름의 역사를 만들어냈을지 감히 상상도 안 됩니다.

술기운이겠지만, 그런 생각을 하다 보니 코끝이 찡해졌습니다.
그러다가 "나도 대리라서 다행이다"라는 생각마저 들었습니다.
오늘은 어쩐지 술이 쭉쭉 들어갑니다.
내일 몸이 힘들 건 알지만 오늘은 한잔 더 먹어야겠습니다.

돈, 이 죽일 놈

점심을 포함한 외근이 있는 날이었습니다. 저렴한 뷔페로 식당을 선택했습니다. 입맛이 없어서 샐러드나 깨작거리고 있었습니다. 음료나 마실까 하고 코너로 갔다가 인테리어 삼아 희망나무가 설치돼있는 걸 봤습니다. 사람 키만한 초록나무에 손님들의 희망을 담은 조그만한 카드를 매단 흔한 이벤트입니다.

음료를 담으면서 무심결에 눈에 보이는 카드 몇 개를 읽었습니다. "가족의 건강과 행복을 기원한다" "취업하게 해달라"는 등의 흔한 희망들이 주를 이뤘습니다.

그러다 카드 하나에 딱 눈길이 멈췄습니다.

"돈 없으면, 부모도 아니더군요. 요즘 세상에는..."

이 말 외에는 어떤 말도, 소원도 쓰여있지 않았습니다.

글을 쓴 사람의 심정은 대체 어땠을까요. 이젠 부모를 바라보는 게 아니라, 부모가 될 나이가 된 저를 깨닫고 보니 목구멍에서 주스가 안 넘어가고 계속 깔깔대며 맴돌았습니다. 그러다 오늘이 마침 월급날이고, 월급이란 녀석이 통장을 스쳐 지나갔다는 사실을 깨달았습니다.

김대리, 퇴사

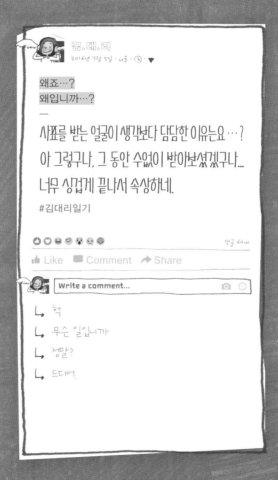

김。대。리
2016년 7월 5일 · 서울 · 🕐 · ▼

왜죠…?
왜입니까…?
—
사표를 받는 얼굴이 생각보다 담담한 이유는요…?
아 그렇구나, 그 동안 수없이 받아보셨겠구나...
너무 싱겁게 끝나서 속상하네.

#김대리일기

👍😍😆😂😮😢😠   댓글 60개

👍 Like   💬 Comment   ➜ Share

Write a comment...   📷 ☺

ㄴ 헉

ㄴ 무슨 일입니까

ㄴ 정말?

ㄴ 드디어

이 문을 열고 나가야 해

'일'을 하고 싶었습니다.

이왕이면 제대로 된, 멋진 일을 하고 싶었습니다. 노력한 만큼 노동의 대가가 달콤하길 바랐습니다. 하지만 '열심히 일하고 퇴근해 여유롭게 맥주를 한잔 마시는' 그런 소박한 꿈조차 제겐 사치가 됐습니다.

회사와 제가 운명처럼 찰떡궁합이길 바라지도 않습니다. 다만 쌍방이 합리적으로 생각하게 되길 바랍니다. 회사가 월급을 주는 대신 저는 정해진 시간만큼 회사를 위해 일을 해주는 것 뿐입니다. 줄 건 주고, 받을 건 받는 겁니다. 그게 서로를 위해 윈-윈하는 길이지요.

그러나 직장과 저의 관계는 '갑과 을'이라는 사실을 끝내 받아들이기가 어려웠습니다. 언제나 저는 을이었습니다. 서로가 필요해서, 원해서 함께하게 된 것인데 왜 저는 항상 사용자에게 일방적으로 부려지는 피사용자일 뿐일까요.

오늘도 많은 회사들은 직원의 능력을 후려치기해서 기어코 사기를 저하시키고 제 색깔을 잃게 만듭니다. 그것도 모자라 애사심을 강요하고, 수당도 안 주는 야근으로 봉사까지 시킵니다. '평생직장'이란 개념이 없어진지가 언젠데, 희생을 강요하는 문화는 여전히 옛것 그대로인 곳이 많습니다.

그런 문화, 분위기에 순응하지 못하는 자는 조직에서 버틸 수가 없습니다. 제일 무서운 게 무엇인 줄 아십니까? 제가 이 조직에 놀랍도록 잘 적응해 나가고 있다는 사실입니다. 사람은 적응의 동물이라죠. 불합리, 부조리한 일도 몇 번 겪어보니 언제부터인가 그러려니 하게 되더라고요.

그러던 어느 날 문득 다른 직원들처럼 그렇게 시스템에 녹아들고 있는 제 자신을 발견했습니다. 계속 가다간 이곳에 오래 남아 화석화된 상사들처럼 될 것 같았습니다. 싫어하는 사람을 닮아가는 끔찍한 기분을 알 것 같습니다.

두렵지만 이 문을 열고 나가려고 합니다. 다시 백수가 돼도 세상의 끝은 아닐 겁니다. 생각보다 지옥은 아닐지도 모릅니다. 끝날 때까지, 끝난 건 아니니까요.

그래요, 우리 인생은 좀 더 대접받아야 합니다.

착하게 살아야 하는 이유

회사를 그만두는 과정은 생각보다 쉬웠습니다. 몇 차례 여기저기 불려가 면담을 했습니다. 대부분 회유적인 태도였지만 그들이 제게 줄 수 있는 것은 없었습니다. 사직서를 낸 것은 없었던 일로 하고, 제 자리로 다시 돌아가 조용히 일을 하길 바라는 속내가 보였습니다. 기대도 안 했지만 저에게 무엇을 제시하지도, 장밋빛 미래를 약속하지도 않았습니다. 어떤 분은 "퇴사하고 딴 데 가면 지옥이야. 여기가 얼마나 편해? 계속 다녀"라고 훈계하더군요.

그 동안 함께 했던 팀원들에게 잠깐 미안한 마음이 들었던 적은 있습니다. 제가 나가고 나면 다음 사람이 올 때까지 업무 부담이 클 테니까요. 그러나 제가 있던 팀은 최근 몇 년간 지속적으로 퇴사자가 발생했고, 저도 그 많은 행렬 속 한 명이기에 곧 잊힐 것이라 믿어 의심치 않았습니다. 다들 아쉬운 마음을 건넸지만, "부럽다"는 말을 더 많이 했습니다. 가슴에 품고 있으면서 꺼내지 못한 사직서를 실제로 던진 저는 그들에게 '용자'였던 것입니다.

인수인계 기간 동안 촌스럽게 송별회식이라도 있으면 어떡하지, 걱정했습니다. 팀장 얼굴을 어떻게 볼지, 또 서로 오가는 덕담으로 어색한 분위기를 어떻게 이겨낼지 솔직히 자신이 없었습니다. 팀장은 결국 제가 사직서를 던진 이후 점심식사 자리에 한 번도 끼지 않았고 회식을 소집하지도 않았습니다. 그는 마지막까지 겁쟁이였습니다.

퇴사한 후 2주쯤 지났을까요, 사장님에게서 전화가 왔습니다.

"김대리, 잘 지내나?"
(최대한 밝게 웃으며) "어머 사장님, 전 잘 지내요!!!!!!"

"물어볼 게 있어. 너네 팀장, 같이 일하기 어때?
그 팀 사람들은 왜 자꾸 나가는 거야?"

"저에게 왜 그런 질문을 하시는지... 전 이미 퇴사한 사람입니다."

"절대 김대리가 말했다고 하지 않을게, 속 시원히 이야기해주었으면 좋겠어"

입을 열지 않으려는 저에게 그는 포기하지 않고 집요하게 물었습니다.

얼마 전부터 사장님이 헤드급에 대한 인사고과를 하고 있다는 소식을 같이 일하던 사원으로부터 전해 들어 이미 알고 있었습니다. 순간 마음에 갈등이 일었습니다. "그는 정말 x새끼고 입에 걸레를 물고 다니는, 팀장 자격이 하나도 없는 쫌팽이 같은 놈"이라고 말하고 싶었지만 그도 어린 두 아이의 아버지고, 외벌이 남편이라는 사실이 머리에 자꾸 떠올랐습니다.

"제가 보기에 팀장님은 본인의 스트레스를 때론… 정말 때론 감당하지 못하는 것 같습니다. 스트레스 관리가 필요할 듯 싶습니다. 건강이 염려됩니다."

제가 할 수 있는 최선으로, 고르고 또 고른 대답이었습니다. 냉정하고 모질어야 잘 산다는데… 저는 역시 글렀나 봅니다. 긁적.

통화를 한 후 한참 동안 별 일이 없었습니다. 잊고 있다가 기별을 받았습니다. 그 '팀'은 '실'로 승격이 됐고, 그 팀장 위로 실장이 선임됐다고 합니다. 늘 맨 뒷자리에서 우리의 모니터를 노려보던 팀장은 자리를 뺏기고 다른 팀원들과 나란한 자리로 옮겨갔다고 합니다.

이후 또 얼마간 시간이 흐른 뒤 그 사장도 다른 세력에 밀려 사장직을 내려놓아야 했습니다. 영원히 이어질 것 같았던 그의 시대도 그렇게 저물었습니다.

맺는 이야기

    요즘 우리나라를 흔히 '헬조선'이라고들 합니다. 삼포세대, 오포세대에 이어 칠포세대라는 신조어가 국어사전에 새롭게 등재되었습니다. '무엇이 될지'보다 '어떻게 살아갈지'가 더 걱정인 때가 오고야 말았습니다. 부모님 세대에는 시작할 때 돈이 없어도 열심히만 살면 집도 사고, 차도 사고, 가정도 꾸렸다고 합니다. 저 역시 그렇게 주어진 인생의 물길대로 나아가기만 하면 어느 순간 뭐든 다 이뤄져 있을 줄로만 알았습니다. 부모님이 아이 둘 셋은 낳았을 나이가 되었는데도, 부모님만큼도 살아지지 않는다는 것을 알게 됐을 때 참 허망했습니다. 이제와 부모님이 살아온 방식대로 살아서는 안 됐다는 결론이라니… 뭐가 어디서부터 잘못된 건지 도무지 알 수가 없습니다. 뒤통수를 제대로 맞은 것 같습니다.

    #김대리일기를 연재하는 동안 응원도 많았지만 욕도 많이 먹었습니다. 저의 나약한 사고방식이 문제라고 했습니다. "그렇게 투덜댈 시간에 일을 더 열심히 하면 암호 같은 상사의 말이 이해가 될 것"이라고 했습니다. "시간이 지나면 직장인에게 가장 중요한 일이 퇴근시간은 아니라는 것을 알게 된다"라는 말도 있었습니다.

    그런데 말이죠, 그렇게 현실을 희생 아닌 희생당하며 살아낸 후 최종적으로 우리가 얻는 것은 무엇인가요? 결국 '직장인'으로 '버텨내기'인 건가요? 승진해 '상사'가 되는 건가요? '오너'가 된다면 또 모르겠습니다.

    회사일에 대한 열정을 당연하게 요구하는 사람들은 지금 후배들에게 '롤모델'이 되고나 말했으면 좋겠습니다. 저녁이 없는 삶을 살아도, 일이 삶이 되고 삶이 일이 되더라도 존나(!) 멋지고 즐겁게 살 수 있다는 것을 보여줬으면 좋겠습니다. 저 역시 한 사람이라도 닮고 싶은 사람이 있었다면 회사를 떠나는 데 망설였을 것입니다.

다만 제 잘못도 있다는 것을 깨달았습니다. 그 동안 저는 제 인생을 스스로 선택하는 것을 포기해왔는데, 이것이 엄청난 직무유기였다는 것을요. 냉정하게 스스로를 돌아보았다면, 먼 미래에 대한 준비를 좀 더 철저하게 했다면 약간은 달랐을지도 모르겠습니다. 주어진대로 살아내는 것이 답이라고 생각하면 안됐습니다. 조금 더 행복해지는 방법을 지금이라도 치열하게 알아내야겠습니다.

#김대리일기를 쓰는 내내 이런 생각을 했습니다. 이 글을 보는 모든 사람이 '회사가 인생의 전부는 아니라는 것'을 알게 됐으면 좋겠다고요. '회사원으로 살아가는 일이 삶의 끝은 아니라는 것'을 깨닫게 됐으면 좋겠다고요. 생각보다 많은 사람들이 그렇게 살고 있더라고요. 죽을만큼 가기 싫은 회사로 그렇게 발걸음을 옮기며 살아가고 있더라고요.

그러니까, 회사에 잠식되지 않기 위해서는 왜죠…? 왜입니까…? 하고 스스로 질문 던지는 것을 멈추면 안 됩니다. 매일 살아내는 것조차 너무 힘들지만, 죽을 힘을 쥐어 짜내서 각성해야 합니다. 퇴사해도 살아갈 수 있도록 열심히 준비해야 합니다. 매일 투덜거리더라도 '미래'에 대해 이야기하며 살아갈 수 있는 우리가 되었으면 좋겠습니다.

같은 회사에 있어도 길들여지지 않는 우리가 길들여진 사축들보다 훨씬 멋진 것 같습니다. 그래서 #김대리일기 는 계속됩니다. 우리, 죽을힘을 다해 행복해집시다.